今こそ「スポーツとは何か？」を考えてみよう！

玉木正之
MASAYUKI TAMAKI

まえがき

今こそ「スポーツとは何か?」を考え直してみよう!

今から約20年前の１９９９年8月、拙著『スポーツとは何か』（講談社現代新書）を上梓したとき、わたしは、「スポーツの過去・未来――まえがきにかえて」と題した文章を、次のような書き出しで始めた。

《いま、スポーツが、暴走している。

テレビのスイッチをひねると、いつでも、どこかのチャンネルで、必ずスポーツ番組が放送されている。世界のニュースのトップ項目が、スポーツの話題であるというのも、けっして珍しいことではなくなった。ビッグ・スポーツ・イベントが、国内大会、国際大会ともに、目白押しに開催され、新聞にも雑誌にも、スポーツの情報がつねに満載されている。

これほどスポーツが繁栄した時代は、過去にない。

おそらく将来も、スポーツは「暴走」といえるほどに繁栄しつづけることだろう——。》

幸いなことに、この本はそれから16刷も増刷され、多くの人々に読まれ、今も書店に並んでいる。そして、わたしが書いた「予想」の正しさを自慢するわけではないが、今も《スポーツは「暴走」といえるほどに繁栄しつづけている》。それどころか、2019年のワールドカップ・ラグビー日本大会や、2020年の東京オリンピック・パラリンピック大会、2021年のワールド・マスターズゲーム、そして2022の年サッカー・ワールドカップ・カタール大会などのビッグイベントを例にあげるまでもなく、スポーツは、日本でも、世界でも、ますます《「暴走」といえるほどの繁栄》を恣《ほしいまま》にしつづけるだろう。

しかし、まったく残念なことに、この本でわたしが主張したかったこと——すなわち「スポーツとは何か?」という疑問を抱き、それなりの答えを認識するようになるということ——が、多くの人々のあいだに広まったかどうか、ということを考えると、まだまだ覚束《おぼつか》ない状況にあると言わざるを得ない。

つまり「スポーツ」とは「体育（フィジカル・エデュケーション＝身体教育）」とはまったく異なる「文化（カルチャー）」であること、「カルチャー」とは誰もがみんなで創りあげ、実らせるモノであること、だから「スポーツ」は政府や企業やメディアや特定の団体によって独占利用されてはならないものであり、「スポーツ」とはスポーツを行う人が先人から教わることはあっても、上意下達のように命令されるものではない（体罰など毛頭あり得ない！）……といった認識が、多くの人々の常識としてはまだまだ広まっていないと言うほかない。

もちろん、わたしの著した一冊のペーパーバックが、社会に対して大きな影響を与えることができる、などと思いあがった妄想を抱いているわけではない。が、「スポーツとは体育とは異なる文化」というのは、わたし個人の私的な考えではなく、それは事実であり、「スポーツと体育は同じ意味」「体育はスポーツの翻訳語」という考えが間違っているのだ。

スポーツとは、体育だけでなく知育も徳育も含む文化……ということは、旧作以上に本書に詳しく書いているが、それに加えて本書では、スポーツと文学、スポーツと音楽、スポーツと絵画など、スポーツときわめて密接な関係にある芸術《アート》も取りあげた（オリンピックでも、かつては絵画や彫刻、作曲や詩の創作などが、芸術競技として正式に行われ、今も文化プログラムの実施が義務づけられているくらい、スポーツとアートは密接な関係にありますからね）。

それに、ｅ《イー》スポーツの問題、遺伝子ドーピングをはじめとした新たなドーピング問題、両性具有の選手《アスリート》たちの問題など、旧作を著した時点では存在しなかったスポーツにおける新たなトレンドと、その問題点なども取りあげた。

そのような時代の変化のなかで、わたし自身にも大きな変化があった。

それはノルベルト・エリアス（１８９７〜１９９０）というユダヤ系ドイツ人の社会学者が唱えたスポーツ論――スポーツという文化は民主制の社会からしか生まれない――を、多木浩二氏（１９２８〜２０１１）の著作（『スポーツを考える――身体・資本・ナショナリズム』ちくま新書）を通して学んだことだった。

スポーツという文化が「傷つけるな！　殺すな！」という「反暴力」の思想を含んでいることには

気づいていて、そのことは旧作にも書いたが、それが民主主義や民主制社会と深い関係にあるということは知らなかった。

このエリアスの正論との出逢いは、わたしにとって、中村敏雄氏（１９２９〜２０１１）と出逢い、スポーツという人間の創った文化の奥深さを教わり、スポーツと体育の違いを明確に自覚できて以来の、最も素晴らしい衝撃的な出来事だった（中村敏雄氏については創文企画『中村敏雄著作集 別巻 中村敏雄の人と仕事』に「ジャーナリズムとアカデミズムの狭間で」という拙文を書いていますので、興味のある方は是非ともお読みください）。本書には、「民主制社会スポーツ誕生説」ともいうべきエリアスの正論のほか、スポーツと体育の違いやオリンピックに関する解説など、何度か繰り返し登場する部分がある。それは様々な新聞や雑誌に書いた原稿を寄せ集めた結果でもあるが、小生がとりわけ重要で、多くの人々に伝えたい事実だから、と諒解して読んでいただければありがたい。

*

旧著の「いま、スポーツが、暴走している」という文を書いたときは、強く意識したわけではなかったが、あらためて考え直して見ると昨今のスポーツの繁栄ぶりは、「快走」でも「激走」でもなく、「暴走」と呼ぶにふさわしい気がする。

スポーツの持つ意味、その価値、その意義、その文化的重要性を十分理解したうえで、スポーツが広く愛され、語られ、つくりあげられるのではなく、多くのスポーツ情報が飛び交うなかで、見物され、楽しまれ、消費される（そして忘れ去られる？）現状は、まさに「暴走」というほかない。

平和運動や文化活動の側面は忘れられてメダル獲得数だけが騒がれるオリンピック……、特定の地域の大学しか出場できないのに全国的に騒がれる箱根駅伝……、半世紀前と同じ数の12球団だけでペナントレースが繰り返され、優秀な選手が次々と球団数を倍増したアメリカ・メジャーリーグに奪われ続けるプロ野球……、そして一学期の学期末試験中に予選が行われ、猛暑酷暑のなか開催される高校野球……などなど、はたしてそれらが「スポーツ文化」と呼べるものかどうか、大いに首を傾げたくなる状態も存在する。にもかかわらず、マスメディアは自ら主催したり放送するスポーツイベントを大騒ぎし、多くの人々がそれに踊らされているような情況は、やはり「スポーツ文化」としての蓄積に欠け、発展を妨げ、スポーツが単なる娯楽として「消費」されるだけに終わっている状態というほかなく、根本的に糺されるべき事態というべきだろう。

それには、まず「スポーツとは何か？」という疑問が投げかけられ、それに対する答えをみんなで考え直さなければならないだろう。スポーツは、やはり「暴走」させてはならない。スポーツは「文化」として着実に根付くような確かな歩みのなかで広がっていかねばならない。

本書は、常にそんな願いを込めて書いた原稿を集めた。春陽堂書店のウェブ連載『スポーツって、なんだ？』に加筆したものを中心に、様々な雑誌や新聞に書いた原稿やわたしの公式ウェブサイトで公開した記事も大幅に加筆して構成した一冊である。

東京オリンピック・パラリンピックが行われる２０２０年をきっかけに、「スポーツとは何か？」ということをあらためて考え、これから先、「スポーツ文化はどうあるべきか？」を模索しつづけましょう。

二〇二〇年　令和二年　正月

東京オリンピック・パラリンピックがスポーツ文化の真の発展につながることを祈って

玉木　正之

本書は、春陽堂書店のウェブ連載『スポーツって、なんだ？』に加え、著者が雑誌や新聞社に寄稿した文章、および著者の公式ウェブサイトに掲載した記事を元に、大幅に加筆・修正して構成したものです。

今こそ「スポーツとは何か？」を考えてみよう！

目次

Column 2
スポーツは
アート（芸術）と合体する

第2章　古いスポーツと新しいスポーツ

Column 3
スポーツは
アート（芸術）と合体する

第３章　オリンピックとは「何」なのか？

イラスト―― 圓山武宏
装丁―――― 竹内康人 (VENUE Inc.)
校正―――― 鷗来堂
編集―――― 浦山優太

？」と
たは
？
？

第1章

「スポーツって何訊かれて、あな答えられますか

私たちはスポーツを学ばなかった。体育の授業は身体を鍛えるだけ。先生に、サッカーってどういう意味？ と訊《き》くと「理屈を言わずにグラウンド3周！」でも、これからはスポーツを考えなければ！

サッカーって、どういう意味？

東京オリンピック・パラリンピックの開催が迫り、スポーツに関する話題が連日メディアを騒がせるようになった２０１８年……、残念ながら日本のスポーツ界は、明るい話題以上に暗い話題が多かった。

日本大学アメリカンフットボール部の悪質タックル事件やボクシング界の幹部の不祥事、女子レスリング界、女子体操界のパワハラ事件、さらに角界でも暴力事件や貴乃花親方の引退、バドミントンやウエイトリフティング界でも、パワハラや金銭の使い道に関する疑惑、コーチと選手の軋轢《あつれき》……などなど、じつに様々な問題が相次いで起こった。

各スポーツ団体は過去の歴史や事情が異なり、その原因をひと言でまとめるのは不可能だろう。が、日本のあらゆる「スポーツ問題」の深層には、共通する「原因」が存在していると断言できる。

それはスポーツに対する「無知」だ……と書くと、「えっ？」と驚く人もいるだろう。しかし、われわれ日本人はスポーツのことをまったくとは言わないが、ほとんどわかっていない。その証拠に「スポーツって何？」と訊《き》かれて、はたしてどれだけの人が正しく答えられるだろうか？

いや、そんな難しいテーマは少々後回しにして、たとえば「サッカー（Soccer）って、どういう意味？」と訊かれて、正しく答えられる人は、はたしてどれほどいるだろうか？

紀元前のメソポタミア地方で始まった「丸いモノ（太陽の象徴）」を奪い合う球戯は、古代ローマのカルチョ、中世フランスのラ・シュールと呼ばれた球戯を経てイギリスに伝わる。「丸いモノ」は当初、牛や豚の膀胱を膨らませたもので作られていた。それを脚で蹴ったり、手で投げたり、身体全体で受け止めたり、持って走ったり、棒で叩いたりして、何百人もの人々が二組に分かれ、それぞれの目的地（ゴール）まで運ぶことを目指して遊ばれた。

そんななかで、血と油にまみれた丸いモノ（膀胱）を脚で蹴ることだけに限定するルールを整えた集団が、フットボール協会（Football Association）という団体を作り、そこで行われたフットボールがアソシエーション・フットボール（Association football）と呼ばれるようになった。それがAsocc Football→Asoccer→Soccerと変化し、サッカーと呼ばれるようになったのだ（ほかに手を使うことを禁止しなかった人々がラグビーを、棒を使うことを楽しんだ人々がホッケーを創ったと言える）。

しかし、日本の学校で体育の授業中に、ふと疑問を持った少年か少女が、「先生、サッカーって、どういう意味ですか？」と質問したら、おそらく正しく答えられない体育の先生は、こう答えるだろう。

「つまらん質問をせずに、グラウンド3周走ってこい！」

それが、スポーツではなく体育（スポーツのなかの身体を鍛えることだけに特化した授業）の本質で、われわれ日本人の多くはスポーツのことは何も教わらないまま、体育教育だけで育てられてきたというわけだ。このスポーツに対する「無知」は、われわれ日本人の間にどのように広がっているのか？

まずは、その検証から始めてみよう。

オフサイドって、どういう意味？

「サッカーって、どういう意味？」と問いかけられて、われわれ多くの日本人は答えられない。

それは何もＮＨＫ番組の人気キャラクターのように「ボーっと生きてんじゃねーよ！」と怒鳴るために「無知」を指摘したのではない。また昨今のテレビクイズ番組の解答者のタレントように、ただ知識の量を自慢するために質問したわけでもない。

そもそもスポーツとは、人類の長い歴史のなかで生み出された文化である。

「文化」とは明治時代に欧米から伝わった「カルチャー（Culture）」という言葉の訳語で、もともとは「武化」すなわち武力によって人々を統治する「武断政治」に対して、武力を用いずに言葉（法度・法律）や話し合い（評定・議会）によって社会を治める、という言葉だった。江戸時代に「文化」「文政」という年号の時代があるのもそのためである。

「カルチャー」とは、「みんなで一緒に作りあげて実らせた作物《さくもつ》」といった意味の言葉で、だから「土（agri）」から実らせたものは「アグリカルチャー（Agriculture）」、すなわち「農業」となる。

そのように人類が歴史のなかで作りあげ、実らせた作物（カルチャー）の一種であるスポーツを、正しく理解しなければ、われわれの社会にも活かすことはできない。だからその第一歩として、「スポーツに対する無知」に気づこう、と言いたいのだ。

私自身がそのような「無知」に気づいたのは、いまから約35年前のこと。東京・神田神保町の三省堂書店で、故・中村敏雄氏の著した『オフサイドはなぜ反則か』という本を発見したことがきっかけだった。当時、すでにスポーツライターとして執筆活動を行っていたわたしは、もちろんサッカーやラグビーの「オフサイド（Off Side）」のルールは知っていた。が、それが「なぜ反則か？」とあらためて訊かれても、せいぜい「相手チームのゴール前で待ち伏せしているのは卑怯だから」とか「点数（ゴールやトライ）が取りやすくなってしまうから」としか答えられなかった。

しかし、本当に卑怯なの？　点数が取りやすくなることがなぜ反則なの？　と自問すると、答えることができなかった。

そこで中村敏雄氏の著書を買って即刻読んだのだが、そこにはフットボールという競技の長い歴史と、それがイギリスに伝わり、マス（群衆）フットボール、ストリート（街中）フットボール、モブ（暴動）フットボール、マッド（狂人）フットボールなどと呼ばれて大流行し、産業革命で地主の土地から追い出された農民たち、過酷な労働を強いられた民衆たちが、反抗の意味を込め、村中町中で、まるで「祭り」のように延々とフットボールをして暴れまくったということが書かれていた。

そんなときに、味方のグループの側（サイド［side］）から離れて（オフ［off］）、相手に隠れて前方の目的地（ゴール）へとボールを運ぶような、相手を欺いてコソコソとゴールするような人物はスニーク（sneak＝卑怯者・こそ泥）と呼ばれた。そのスニークの履いていた靴がスニーカー（sneaker）と呼ばれるようにもなった（『スニーカーぶる～す』とは、『こそ泥演歌』のことなのですね）。

閑話休題。丸いモノ（ボール＝太陽の象徴）があっさりとゴール（目的地）まで運ばれれば、暴動（祭り）は終わってしまう。それでは「反抗（暴動）」にも「祭り」にもならない。

そこでスニーク（こそ泥）は激しく非難され、のちにオックスフォードやケンブリッジといった大学や、フットボール・アソシエーション（イングランドのサッカー協会）やラグビー・フットボール・ユニオン（同じくラグビー協会）が競技としてのルールを整えたとき、簡単にゴールが奪えるような「卑怯な（こそ泥のような）動き」は禁止されるようになったのだった。

だから、オフサイド・ポジションにいる選手は「こそ泥」をする悪い奴なのだ。ラグビーではオフサイド・ポジションにいる選手はスパイクで踏んづけられることさえある。その行為をラフプレイだと非難する日本人は、オフサイド・ポジションにいる選手こそ「こそ泥」の悪い奴だとは知らないのでしょうね。

バスケットボールは、なぜボールを持って3歩で反則なのか？

サッカー、ラグビー、ホッケーなど、フットボールの仲間といえる球戯は、すべて古代メソポタミアの太陽の奪い合いから始まった――ということはすでに書いた。そのメソポタミアから西へ伝わった「球戯文化」は、もちろん東にも伝わり、中国で「毬門《きゅうもん》」というホッケーとサッカーを組み合わせた遊びになったり、陶器で作った丸いモノを地面に転がせて、大地に太陽の恵みを与える遊びになったりしたようだ。

それが飛鳥時代の日本にも伝わり、「打毬《ちょうきゅう》（くゆるまり）」と呼ばれるフィールド・ホッケーとサッカーを合わせたような遊びになったという説もある。高松塚古墳の西壁北側に描かれた女子群像には、ホッケーのスティックのような先の湾曲《わんきょく》した棒を持っている飛鳥美人が描かれている。それは、以前は仏教儀式に使う「如意《にょい》」と呼ばれる棒とされていたが、１９７５年に万葉集研究家の森本治吉が「球技で球を打つ棒」との新説を発表。この球技がまさに日本にも伝わったユーラシア大陸のすべてを覆うフットボール文化の東端だとも考えられる（松浪健四郎『古代宗教とスポーツ文化』ベースボール・マガジン社）。

そして『日本書紀』には、中臣鎌子《なかとみのかまこ》のちの藤原鎌足《ふじわらのかまたり》が、「打毬」に興じて沓《くつ》を脱ぎ飛ばした中大兄皇子《なかのおおえのおうじ》に向かって、その沓を拾って近づいたことをきっかけに懇意になり、のちに「蘇我入鹿《そがのいるか》を伐つ（乙巳の変）」相談へとつながったことが記されている（これを「蹴鞠《けまり》」と解説した書籍も多いが、今日われわれが想像する蹴鞠は、もともと平安時代に大流行して『源氏物語』の「若菜」にも書かれている蹴鞠が発展したもの。革袋のなかに糠《ぬか》や毛髪を入れ、真ん中を少し縛って瓢箪《ひょうたん》型にした球を空中に蹴って遊んでいたようだ。その「蹴鞠」は、平安初期に中国大陸から日本に伝わったものであり、飛鳥時代の「打毬《くゆるまり》」とは別物らしい）。

「打毬」は、「毬打《ぎっちょう》」として、日本で発展していった。平安時代の終わり、南都・興福寺の僧たちが、丸い毬を平清盛の坊主頭に見立てて、「やれ打て、それ踏め」と遊んでいた。そのことが清盛の耳に入り、興福寺や東大寺などが平家によって焼き討ちにされたと、『平家物語』に書かれている。

棒で毬や輪を転がす「毬打」は、大正時代のころまで、子供たちの正月の遊びとして残っていたとも言われている。そのとき棒を左手で持ったことから、「左ぎっちょ」という言葉が生まれたという説もある。

メソポタミアから西に伝わったフットボール文化は、イギリスから大西洋を渡ってアメリカ大陸にも伝わった。しかし南北戦争（１８６１〜１８６５）を経てアメリカが統一されたあと、アメリカのナショナリズムが高まり、独自の文化を求めたアメリカ人たちは、ヨーロッパ生まれのサッカーやラグビーを行うのではなく、独自のボールゲームを創ろうとした。そして、１８７６年、ハーバード大学やコロンビア大学など東部アイヴィ・リーグの大学が中心となって、アメリカンフットボールという独自の球戯のルールを創り出したのだった。

１８９１年には、マサチューセッツ州の国際ＹＭＣＡトレーニングスクールの体育教師だったジェイムズ・ネイスミスが、寒さが厳しく雪も多い冬でも体育館の中で行えるフットボールを考案する。ゴールはマサチューセッツ州特産の桃やサクランボの収穫時に使った籠《バスケット》を壁に吊し、狭い室内ではボールを手で扱うことにした。

だが、オフサイドのルールをどうするか？　ということが、大問題となった。

オフサイドは「こそ泥（スニーク）」と軽蔑される卑怯な行為。とはいえ、相手より前に出てパスを受けることができなければ、狭い体育館ではプレイが続かない。およそ1年間、悩みに悩んだネイスミスは、ある日、とつぜん閃《ひらめ》いた！

「オフサイドをＯＫすることにしよう！　その代わり、ボールを持った選手は、3歩以上動いてはいけないことにしよう！」

こうしてバスケットボールには、かつてはキャリングと呼ばれた、トラヴェリングという反則ルールが生まれたのだった。つまり、バスケットボールの3歩ルールは、ユーラシア大陸のフットボールにおけるオフサイド文化を、アメリカという新大陸の文化が作り替えた（リメイクした）ところから生まれたのだ（バスケの指導者、選手、ファンのみなさん、ご存じでしたか？）。

バレーボールの「バレー」は「白鳥の湖」と関係がある？

これまで全世界をカバーしている――と言っても決して過言ではない、古代メソポタミア起源の「人類のフットボール文化」について書いてきた。そして日本人は、スポーツを体育としてしか学んでいないため、そのことをほとんど知らないことも指摘した。何もそれほど大上段に振りかぶらなくても、「スポーツに対する無知」は、われわれのすぐ近くに転がっている。

たとえばバレーボール。この球戯はアメリカでのバスケットボール誕生と同じように、19世紀の終盤に、マサチューセッツ州のＹＭＣＡ体育教師のウィリアム・Ｇ・モーガンによって創り出されたもので、当初は老人や子供向けの無理なく楽しめる球戯として考案された。そのため、徐々に激しい球戯（ボールゲーム）へと変化しても、アメリカ国内ではなかなか老人や子供以外には受け入れられず、ロシアや東欧に伝わり、より激しいスポーツへと進化しても、母国アメリカでは、長い間あまり人気のないスポーツにとどまり続けたのだった。

……ということはさておき、「バレーボールとはどういう意味か？」と訊かれて、あなたは答えられますか？　このような疑問を抱くことこそ、スポーツという人類の文化を理解するうえでの出発点となるのだが、スポーツを「体育教育」だけで学んできた、つまり身体を動かすことしか学ばなかったわれわれ日本人は、なかなか気づくことができない。何を隠そう私自身も、その重要さに気づいたのは、先に紹介した中村敏雄先生の『オフサイドはなぜ反則か』という本と出逢ってからのこと。つまり35歳を過ぎてからのことだった。

欧米人でも、サッカーやラグビーといったフットボールの歴史を知らない人は多いだろう。しかし「バレーボールの意味は？」と訊かれれば、欧米人、というよりアルファベットという文字を使って生活している人は、すべて答えることができる。ところが、われわれ日本人の多くは答えることができない。その事実に気づいて以来、少々意地の悪いわたしは、テレビ局や新聞社で出会うスポーツ担当の記者、バレーボール日本代表の経験者も含む様々なスポーツマンに「バレーボールってどういう意味？」と訊き続けた。その結果、いまだに誰ひとりとして、正解を口にできた人とは出逢わない。

さらに意地の悪いわたしは、「バレー？　バレー？　バレー？」と、首を捻る相手に向かって「白鳥の湖、知っているよね。あのバレエ（ballet）のこと。選手はみんな踊るように、跳んだり跳ねたりしているでしょう……」と言ってみたり、「バレーは谷（valley）のこと。選手と選手のあいだの谷間にボールを落とすから……」と言ってみたり……。

こんな意地の悪いジョークは、アルファベットを使っている人々にはまったく通じない。バレーボールの「バレー」は、volley だと誰もが知っているからだ。volley とは、テニスの「ボレー」や、サッカーの「ボレー・シュート」の「ボレー」のこと。つまり、地面にボールが落ちる前にボールを処理する（打つ）ことを意味する「ボレー」が、バレーボールという球戯だけは、なぜか日本語で「バレー」と、訛《なま》ってしまったのだ。

空中のボールを打ち合うからvolleyball。スポーツの多くが、欧米のアルファベット文化圏で生まれたため、アルファベットとは基本的に無縁なわれわれ日本人は、その意味を知らないままで平気でいることが多いのだ。

そのひとつが、アメリカ・メジャーリーグのロサンゼルス・ドジャースという球団名。そのDodgers（ドジャース）という言葉の意味をあなたは答えられますか？　ヒントをひとつ言うと、Dodgersの「dodge」とは、ドッジボール（Dodgeball）のことです。

ロサンゼルス・ドジャースの「Dodgers」の意味は？

まず、前述の質問を解決しておこう。ロサンゼルス・ドジャースという球団の「Dodgers」の意味は？　という質問。ヒントとして「Dodgers」とは、ドッジボール（Dodgeball）のこと」と書いたので、辞典で「ドッジボール」の項目を調べた方もいるかもしれない。すると、そこには次のような説明が書いてある。「二組に分かれてボールを投げあい、相手方のからだにあてる遊戯」（三省堂『新明解国語辞典』［第三版］より）。

多くの辞典がこのような解説をしているのだが、これは誤解を生む説明である。ドッジボールは、

「ボールを相手のからだに当てる遊び」……だから「ドッジ」とは「当てる」という意味……？　ならばドジャースは、デッドボールの多い投手がいるチームのこと……？　などと誤解してしまいそうだ。

　最近は、辞典を引く人も少なくなったようなのでウィキペディア（Wikipedia）からも引用してみよう。すると、「子供の顔くらいの大きさのボール（多くはバレーボールなど）を使い、相手の頭部以外の身体にボールを当てるスポーツまたはゲーム。多くはふたつのチームに分かれて大人数で行う。漢字では避球と表記する」と書かれている。これでもまだ、ドッジ（dodge）という言葉を、「ぶつける」と誤解しそうだが、漢字表記に「避球」とあるところが面白い。ウィキペディアの説明は、次のように続く。「ドッジボールの名称は英語のdodge（素早く身をかわす）からきている」。つまりドッジボールとは、「ボールをぶつける遊び」ではなく、「ボールを避《よ》ける遊び」なのだ。そして、ドジャース（Dodgers）と、人を表す「-er」が付くと、「避ける人」という意味になる。

　これはロサンゼルス・ドジャースが、かつてはニューヨークのブルックリン区で生まれた野球チームであることに由来している。当時のブルックリンは、家が建て込んだ道路の狭い下町で、しかもトロリーバス（路面電気バス）が走っていた。そこでブルックリンの子供たちが道路で遊んでいると、親たちはいつも子供たちに向かって、トロリーバスや自動車を「Dodge!　Dodge!（避けろ！　避けろ！）」と叫んでいた。そこで、ブルックリンの子供たちはいつしか、「ドジャー（Dodger）」と呼ばれるようになったのだった。

　そのブルックリンに野球チームが創設されたのは、メジャーリーグの前身であるアメリカン・アソシエーションという組織の野球リーグが生まれたときのことで、最初（１８８４年）は、チーム名をアトランティックスとしていたのだが、その後、スーパーバス、トロリードジャース、ロビンスといった名称に変わり、１９３２年からブルックリン・ドジャース（ブルックリンの子供たち）が正式名称となった。広々としたカリフォルニアのロサンゼルスに本拠地を移したあと、つまり子供たちが道路で遊ぶこともなくなり、自動車を避けなくてもよくなったあとも、ドジャース（ブルックリンの子供たち）という名称は残したのだった。

……と説明が長くなってしまったが、このDodgersという球団名の意味を知っている日本人はほとんど皆無……とまでは言わないまでも、ごく少数なのではないだろうか。

わたしは、野茂英雄投手がロサンゼルス・ドジャースに入団して大活躍し、「ドジャースの野茂」が大きな話題となった１９９５年以来、仕事で出逢ったテレビのディレクターや雑誌記者、新聞記者などに、次々と「ドジャースの意味を知っていますか？」と訊き続けたが、知っている人はほとんどいなかった。正解を口にされたのは、大リーグ解説者の福島良一さんだけだった。さすがですね。

野球チームの名前も、ライオンズ（獅子）やタイガース（虎）、パイレーツ（海賊）くらいなら誰にでもわかるだろうし、オリオールズ（ムクドリモドキ）やブルージェイズ（アオカケス）も、調べればわかる。ジャイアンツ（巨人）となると、よく調べないとわからない。これは、旧約聖書の「サムエル記」に出てくる巨人ゴリアテに由来している。

日本のジャイアンツはもともと「大日本東京野球倶楽部」というチームだった。そのチームが１９３５年にアメリカ遠征をしたとき、当地の野球関係者にとってチーム名がわかりにくいため、

「東京ジャイアンツ」と改名したのである（本当は神武天皇の神話に出てくる「金色の鵄《トビ》」からゴールデン・カイツ[golden kites]と名づけたかったらしいが、「kite」に詐欺師という意味があるのでやめて、メジャーリーグのジャイアンツ関係者に言われるままジャイアンツに決めたらしい）。

サッカーの説明で書いたように、日本人はスポーツを体育として学んだ結果、身体を鍛えることしか考えなくなってしまった。スポーツに関するわからないことや言葉を、疑問にも思わず、調べようともしない癖が付いてしまったのだ。

では、この項も最後に質問を書いておくことにしよう。ボクシングというスポーツをご存じですよね。では、「ボクシング」とは、どういう意味？　四角くロープで囲まれた箱（ボックス）の上で行うからボクシング？　でも、その場所はリング（ring「輪」）と呼ばれますよね……。

ボクシングは「箱」の上で闘う競技？

ボクシング（boxing）とは、どういう意味か？　その答えは簡単だ。ボックス（box）という英語には、もちろん「箱」という意味もあるが、英和辞典を引けば一目瞭然。そこには「殴る」という意味も記されている。日本では、その意味よりも、「箱」という訳語の方が一般に浸透した結果、「ボクシングとはどういう意味？」と、訊かれた日本人は、一瞬驚き、どう答えていいかわからないまま、「四角い箱の上で行うからボクシングなのかな？」と答える人がもっとも多い。残念ながら「四角いジャングル（箱）」は、「リング（ring〔輪〕）」と呼ばれている。

では、なぜロープで四角く囲まれた空間が、「リング（輪）」と呼ばれているのか？

それは、現在のロープで囲まれたリングがルールで規定される19世紀半ばごろまで、ボクシングは土俵のような円のなかで行われていたからだ。古代の格闘技や、19世紀までの格闘技（ストリート・ファイト）では、闘う二人の周囲を見物人が丸く囲んでいたため、闘いの場が「リング」と呼ばれるようになった。そして、周囲をロープで四角く囲むようになってからも、「リング」という名称は受け継がれたのだ。20世紀になって、アメリカでアルミ管をカーブさせて作った丸いリングが使われたこともあったようだが、エキシビジョンで使われただけに終わったようだ。日本の相撲は、戦国時代までは、闘う二人の力士の周囲を大勢の力士が丸く囲む、「人方屋（ひとかたや）」と呼ばれる場所で行われていた。それが江戸時代になり、円形の土俵になったとされている。格闘技はほぼすべてが、丸い空間で行われていたようだ。それゆえに、リングサイド、リングネーム、リングアナウンサー……など、いろいろな名称も生まれている。

レスリングは「相手の着衣」をなぜ掴んではいけないのか？

ボクシングと同じようなリングを使っているプロレス（プロレスリング）や、かつては四角かったスペースが丸く変わったアマレス（アマチュア・レスリング）は、どうして相手の着衣（シングレット）を掴んではいけないのか？

この疑問も、英語に堪能な人ならわかるはずで、レスリングのレッスル「wrestle」（取っ組み合う、揉み合う）という言葉は、もともと「動物がじゃれ合う」という意味から派生したものなのだ。だから、動物同士の闘いが基本になっており、動物は衣服を身につけていないから、人間同士のレスリング（wrestling）も、「相手の着衣を掴んではいけない」というルールになったと言われている。また、動物は相手をパンチの一撃で倒したりしないから打撃系の技が禁止になり（ライオンの放つ猫パンチは相当に強いらしいが）、関節を絞める技も動物はやらないから禁止になる。結果として、ヘッドロック、ブレーンバスター、羽交い締め（フルネルソン）、ベア・ハッグ（鯖折り）、コブラツイスト、スープレックス（そり投げ）……など、動物を相手にしても有効な技ばかりで構成されるようになったよう。

だからレスリングは最も原始的、動物的な格闘技であり、着衣や回しをつかむ柔道や相撲は、人間同士の闘いと言える。また、古くは「猫パンチ」のようなオープンブローも許されていたベアナックル・ボクシング（グローブを着用せず素手で対戦する）は、近代（17世紀）に入ると、初代ベアナックル・ボクシング王者のイギリス人、ジェームズ・フィグの発案によって相手へのダメージが最も大きいナックルパート（拳の正面の関節部分）のみを用いるルールへと変化した。近代ボクシングも、きわめて人間的な、比較的新しく生まれた格闘技と言えるのだ。

世界史的広がりを持つ疑問！　テニスってどういう意味？

スポーツという文化（カルチャー）は、人間が創り出した産物だけに、あらゆることに意味がある。これまでにサッカーやボクシングという言葉の意味や、バスケットボールはなぜボールを持って3歩以上動いてはいけないのか……といったルールの意味を説明してきた。が、スポーツの中には、言葉の意味がはっきりとはわからないものもある。それは、かなり古くから行われていたため、昔のこと（起源）が曖昧になってしまったスポーツだ。

たとえば、テニス。わたしが日本テニス協会に招かれて講演をしたとき、「テニスという言葉の意味を知ってますか？」と訊いてみたところ、ある女性の元プロテニス選手が、「わたし、知ってますよ」と言って次のような説明をしてくれた。

昔の日本では、スポーツと言えば蹴鞠が主流で、ボールを足でばかり扱っていた。あるとき、ある人が「たまには手でやってみない？」と言って、それからみなが、手にする？……てにする……テニス……と。わたしは、思わず吹き出してしまった。これは日本のテニス選手のあいだでは古くから口にされてきたギャグらしいが、そんな冗談が生まれるのは、決して悪いことではない。それはテニスが、起源（言葉の意味）がわからなくなってしまうほど、長く古い歴史を持つスポーツである証拠とも言えよう。

実際テニスは、手のひらでボールを打ち合う遊びから生まれたとされ、いろいろな起源説がある。

①古代エジプト（または古代アフリカ）起源説。エジプトのチニス（またはチュニジアのチュニス）という町で

流行したことからテニスと呼ばれた。②古代ギリシャ起源説。ホメロスの叙事詩『オデュッセイア』に出てくる王女ナウシカと侍女がボールを打ち合った。③ビザンチン（東ローマ）帝国説。この国で行われていたポロ競技が変形して、二人で打ち合うようになった。④古代ローマ起源説。ローマの浴場でボールを打ち合ったことから発展。カエサルやアウグスティヌスもプレイしたと言われている。⑤古代ペルシア起源説。短いラケットでボールを打ち合うチガオンと呼ばれた遊びがギリシアやローマに伝わり発展。⑥イスラム帝国起源説。7世紀アラビアに生まれた帝国で、手のひら（アラビア語のラハト＝英語のラケットの語源）でボールを打ち合う遊びが流行。

ほかにも、アメリカ大陸のメキシコの先住民族（トルテック族）が、足の太股でボールを打ち合う「トラッチリ」という遊びに興じていたらしく、「ボールを打ち合う遊び」が世界各地で生まれ、それが中世（15世紀ごろ）フランスに伝わり、「ジュ・ド・ポーム（手のひらの遊び）」と呼ばれるゲームに発展したという説もある。最初のうちは、楽しく打ち合って、その打ち合いを長く続ける遊びだった「ジュ・ド・ポーム」が、やがてネットをはさんで打ち合う、今日のテニスに発展したと言われている。テニス（tennis）という言葉も、フランス語の「tenir」（持つ・保つ・つなぎとめる）の命令形である「tenez」（続けて！）から生まれたという説もある。

起源も言葉の意味も諸説紛々。古くから世界中で楽しまれた遊びが、長い時間をかけて集約され、工夫され、ゲームとして整えられたもの――それがテニスというスポーツと言えるのだ。

そんなテニスには、さらに不思議なことがある。

ポイントを数えるときに、0（ゼロ）のことを、なぜ「ラヴ（Love）」というのか？　さらに、15（フイフティーン）、30（サーティ）、と数えるポイントが、次はなぜ40（フォーティ）となるのか？　また、プロ選手なら時速200キロにも達する猛烈な最初のショットを、なぜ「サーヴィス（service）」（奉仕・給仕）と呼ぶのか？

そこから、さらに世界史につながる様々な出来事が浮かびあがるのだ。

テニスが「紳士淑女のスポーツ」となったのは最近？

テニスはなぜテニスと呼ばれるのか？　という疑問を歴史とともに述べてきた。その答えをひと言で言えば「いろいろな説があってわからない」だ。

ボールを打ち合う遊びは、きわめて単純なうえに楽しいので、世界中のあらゆる時代にあらゆる場所で行われていたのだろう。だからその起源についても、古代エジプト、古代ペルシア、古代ギリシア、古代ローマ、中世アラブ……などなど、様々な説があるのだ。そして、それぞれルールが微妙に異なっている……。現在のスポーツ競技としてのテニスと同じようなルールのテニスは、いつごろ、どこで生まれたのだろうか？

この疑問に対して、ひとつの世界史的事実――高校の世界史の教科書にも載っているひとつの出来事――を思い出すことのできた人は、かなり「優秀」と言える。いろんな事実を「知っている」こと、たとえばテレビのクイズ番組に出場して正解を答えることができることよりも、様々な知識を組み合わせることのできる人のほうが、よほど「優秀」と言えるはずですからね。それはさておき……。

世界史の教科書で、フランス革命の時代を説明しているところに『テニスコートの誓い』という絵があったのを憶えている人がいるでしょう。１７８９年7月14日、民衆がバスティーユの牢獄を襲撃し、フランス革命が勃発しますが、その少し前に、国王ルイ16世は三部会と呼ばれる議会を開催します。しかし、第一身分の聖職者、第二身分の貴族と、第三身分の農民や都市労働者の意見が対立。第三身分の人たちは、自分たちだけでの国民議会開催を決めたが、国王は議会を閉鎖。それに対して第三身分の議員たちは、ヴェルサイユ宮殿内にあったテニスコートに集まり、憲法の制定を誓い合った。そのときの様子を、のちにナポレオンのお抱え絵師となるジャック・ルイ・ダヴィッドが絵に描いた。その絵を世界史の教科書で見て、記憶している人も多いはずだ。

この絵には現在のテニスを知っているわれわれの目で見て、少し不思議なところがある。ひとつは「テニスコート」が室内であること。現在でも、テニスが室内で行われることは珍しくないが、この室内テニスコートは、左側の壁に何やら家の軒先《のきさき》に突き出た「庇《ひさし》」のようなものがあるのだ。

室内に「庇」とは不思議だが、これは召使い《サーヴァント》が第1球目をプレイヤーに「サーヴィス」するための「庇」なのだ。18世紀の終わりごろは、後にイギリスで「テニス」と呼ばれるようになったボールゲームが、フランスではまだ「ジュ・ド・ポーム（ジュ［遊び］、ポーム［手のひら］）」と呼ばれていた時代である。そのころにフランスの貴族のあいだで大流行するようになった「ジュ・ド・ポーム」

は、第1球目のボールを召使いがコートに投げ入れることによってゲームが始められた。召使いは、自分のご主人様には打ちやすいボールを投げ、ご主人様の相手には打ちにくいボールを投げ入れたりしていた。そのため室内コートの壁に「庇」を取り付け、召使い（サーヴァント）はボールをその「庇」よりも上に投げ、落ちてきたボール（サーヴィス・ボール）を打つところからゲームを始めるようになったのだ。

やがてテニスの主流は、イギリスのやり方――ローンテニス（芝のテニス）、つまり室内から室外の芝生の上で行われるようになる。すると第1球目のサーヴィスも、召使いではなく、プレイヤー自身が行うことになったのだが、「サーヴィス」という呼び名だけは残ったというわけだ。

テニスでもうひとつ、誰もが不思議に思うのは、ポイントの数え方だ。15（フィフティーン）、30（サーティ）と、15ずつ増えた次が、なぜ45（フォーティファイヴ）ではなく40（フォーティ）なのか？

これにも諸説があり、基本的には60進法で15を一単位としたが、30の次の45が言いにくいので略して40と呼んだのがはじまりと言われている。「掛け金説」というのも面白い。古いフランスのお金は、1リーブル＝20スウ＝240ドゥニエという単位を基本としていたらしい。これまた諸説あるのだが、15スウのドゥニエ銅貨が発行され、1ポイント（1回の打ち合いに勝つ）で15スウの獲得。4ポイントで60スウ＝3リーブルを獲得。それを1ゲームの勝者が得たというのだ。これでも15、30の次が40である謎は判然としない。40スウのドゥニエ新銅貨でも発行されていれば、15スウ、30スウの次に40スウ銅貨を手にしたということになり、「掛け金説」は完璧だ。しかし、そんな銅貨はなかったようだ。

ただ、テニス（ジュ・ド・ポーム）とギャンブルは、かなり密接な関係があったらしい。ルーヴル美術館に関する『はじめてのルーヴル』（中野京子・著／集英社）という書籍を読んでみると、16〜17世紀に活躍したイタリア人画家のカラヴァッジョ（彼は相当乱暴で喧嘩っ早い人物だったらしい）が、「悪友たちと賭けテニスに興じ」乱闘になった末、「気づけば、ひとり刺し殺していた」というエピソードが書かれていた。

ヴェルサイユ宮殿のテニスコートの「庇」が、召使い《サーヴァント》のご主人様に対する「えこひいき」禁止のためだったことを思うと、テニスが紳士淑女のスポーツと呼ばれるようになるのは、かなり最近になってからのことのようですね。１８７７年にウィンブルドン大会がイギリスで始まり、１８８１年には全米選手権も幕を開けた。そして、近代オリンピックが開幕したのが１８９６年。古代ギリシアのオリンポスの祭典（古代オリンピック）が、千年以上続いた（紀元前７７６〜西暦３９３年）のに対して、テニスやフットボールなど近代オリンピックのスポーツの歴史は、どれもまだ高々、１５０年程度でしかないのだ。

ラグビーの得点は、なぜ「トライ」なのか？

以前、ジャズ・ピアニストの山下洋輔さんから、メチャメチャ面白い「音楽&スポーツのジョーク」を教えてもらったことがある。そのジョークは「アメリカ人ミュージシャンに教えてもらった」

もので、「ベートーヴェンの第九交響曲が好きで、なおかつ野球が大好きな人でなければ笑えない。つまり理解できない。だからぜひとも玉木さんに教えたかった」と言ってもらったのは嬉しかった。そのジョークとは次のようなものだ。

ベートーヴェンの第九交響曲の最終楽章の第4楽章には、コントラバスが長く演奏しない部分がある。そこで、その間にベーシスト（コントラバスの演奏家）だけで演奏会を抜け出し、コンサートホールの隣にあるパブへ行って、ちょっとビールでも飲もうということになった。しばらく飲んでいると、若いベーシストが仲間に向かって不安げに話しかけた。

「もうそろそろ帰ったほうがいいのでは……？」

するとベテランのベーシストが答えた。

「まだ大丈夫。俺が指揮者の楽譜を紐で縛り付けておいたから、音楽は先へ進めないはずだ」

そこでもうしばらくジョッキを傾けたあと、ほろ酔い気分で演奏会場に戻ってみると、指揮者（conductor）が真っ赤な顔で必死になって指揮している。それもそのはず。場面は第九交響曲の最終場面（bottom of the ninth）、楽譜は縛られている（score is tied）。そこへベース奏者がやっと全員揃ったのだ（bases are loaded）。興奮しないわけがないじゃないか！

……というわけだが、このジョークの意味をわかっていただけただろうか？

じつは、英語の部分は次のようにも翻訳できる。「場面は9回裏。得点は同点。ベースは走者で埋まって満塁！　だから監督は必死……」野球の監督はふつう英語でフィールド・マネジャー（field manager）だが、コンダクター（conductor）でも通じる。

ただし、ベートーヴェンの第九に、ビールを飲んでいられるほどベース奏者が休める場面は存在しない。まぁ、ジョークだから許されるとして、それより不思議なのはスコア（score）という言葉だ。

得点のことは、ふつう英語ではポイント（point）という。野球ではなぜスコアというのか？　しかもスコアは、チームの総得点を表すときのみに使い、単なる得点の場合はラン（run）という。スリーラン・ホーマー（3点本塁打）とかノーヒットノーランゲーム（無安打無得点試合）といったように。

「run」が得点を意味するようになったのは、ベースを走って、一巡して、ホームへ帰ってきたことが得点になるため生まれた言葉のようだ（『The DICKSON BASEBALL DICTIONARY』）。そして「score」という英語には、もともと「20」という意味があり、ニューヨークで書籍販売業をしていたアレキサンダー・ジョイ・カートライトというニッカーボッカー・ベースボールクラブの創設者が、１８４５年にベースボールのルールを定めたとき、「先に21点（20点［score］を上まわる得点）を取ったチームの勝ちとする」と決めたため、チームの総得点をスコアと呼び、スコアボード、スコアブックなどの言葉も生まれた。

もっとも、このルールでは１イニングで試合が終わる場合もあれば、二日にわたって１００イニング以上続いた場合もあったらしい。その後、12イニングでゲーム終了になった（12進法が英語の数字の基本でしたからね）。それでも長いというので、１８５７年には今日の９イニング制（12イニングの4分の3）に改められたのだ（scoreには「多数」という意味もあるらしく、オーケストラ全部の楽器の楽譜をまとめた指揮者の使う総譜も、個々の楽器のパート譜（part）に対して、「多くの」楽譜が並んでいるのでスコアと称しているようだ）。

野球でラン、スコアと称する得点のことをサッカー（フットボール）ではゴール（goal＝目的地、終着地、目標）という。「目的地」に到達したり、「目標」を達成すれば、得点になるというのはわかりやすい。ラグビーでは得点のことをトライ（try）という。それは「試みる、ためす、やってみる、挑戦する」という意味だが、この言葉にもラグビー・フットボールというボールゲームが生まれた歴史的意味合いが含まれている。

ラグビー・フットボールは、イングランドの有名なパブリックスクール（私立の中等教育学校）であるラグビー校で、1823年にフットボール（手を使わないサッカー）を行っていたとき、ウィリアム・ウェッブ・エリスという少年がボールを抱えて走ったことから生まれた……というのが神話的な起源のエピソードである。エリスという人物がいたことは確かだが、彼はむしろクリケット選手として活躍したと言われ、フットボールにおいては反則が多かった選手とされている（だからサッカーで手を使う「反則神話」が生まれたのかも？）。手も足も使って楕円球をあつかうラグビー・フットボールは、オックスフォードやケンブリッジといった大学で、19世紀に徐々にルールを整えられていった（だから優秀な大学生がラグビーと同時に家庭教師もやったので、ラグビーのゴールがトライと呼ばれるようになった……というのは単なるギャグです）。

ラグビーのルールは、最初2本の棒の間（ゴール）にある横棒の上を、キックでボールを通過させた場合だけが得点とされていた。が、そうすると、せっかくゴールに向かって攻め込み、選手やボールがゴールにたどり着いても、棒の上を通過させないと得点にはならない。そのようなケースは敵陣へ入った場所から真っすぐ後方に戻った好きな地点から、ゴールを狙う（トライする）権利が与えられた。そのうちトライする権利を得ることができたときにも得点が与えられるようになり、「トライ」がそのまま点数となったのだ（現在では5点）。そして現在では、その後のコンヴァージョン・ゴール（2点）よりも大きな意味を持つようになったのだ。

何度も繰り返しますが、スポーツは人間の創作した文化ですから、スポーツの言葉、スポーツのルールにはすべて意味や理由が含まれているんですね。

野球の「サウスポー（南の手）」は、なぜ左腕投手？

丸いモノ（球体）は地球上にはほとんど存在せず、存在しているのは空の上、すなわち太陽だった。だから「丸いモノ＝球体＝ボール」は太陽の象徴で、それを奪い合うゲーム、たとえばフットボールやホッケーは「太陽の奪い合い」、すなわち「世界を支配するモノの奪い合い」と考えられた。そのボールゲームは紀元前メソポタミアを起源に、西はヨーロッパ、アメリカ大陸にまで広がり、東はインド、中国を経て、日本にも伝わった。現在では世界中に広がるスポーツ文化、フットボール文化となっている。

もうひとつ、ボールを打ち合うテニスのようなゲームは、「太陽の奪い合い」というほどの大袈裟な球技（チームプレイ）ではなく、個人の遊戯として発展した。

明治の歌人・俳人である正岡子規は、友人で俳人の大谷是空《ぜくう》への手紙に次のような俳句を残している。

《恋知らぬ猫のふり也球あそび》

コロコロと転げる小さな「タマ（球・鞠）」は、猫だけでなく、子供も大人も戯れ遊ぶには面白い玩具であると言えそうだ。テニスや卓球、それにバドミントンのようにボール（あるいはシャトルコック）を打ち合う遊びは、きっと猫が丸いモノと戯れるのと同じような遊びから生まれ、発展したに違いない。正岡子規は、明治時代にアメリカから伝わったベースボールに熱中した、日本最初の「野球狂（ファン）」と言える人物。この一句は、愛する女性との恋も忘れるほどに野球に熱中する自分の気持ちを詠《うた》ったものでもある。

では、そんなベースボール――フットボール系の闘争型ボールゲームとも、テニス系の遊戯型ボールゲームとも異なる、ボール（丸いモノ）を棒（長いモノ）で打つ（打ち飛ばす）ゲームは、いったいどこを起源に、どのように発展してきたのだろうか？

それについては詩人で、草野球チーム「ファウルズ」の監督兼三塁手として活躍した平出隆さんが、著書『ベースボールの詩学』や『白球礼讃　ベースボールよ永遠に』で面白い「起源論」を書いている。それは「ベースボール＝古代エジプト起源論」と言えるものだ。

古代メソポタミアでは多くの民族が次々と闘い、激しい興亡を繰り返すなかで「太陽を奪い合う」ゲームが生まれ発展した。地中海と紅海に囲まれ、異民族の流入が少なかった古代エジプトでは、ピラミッドの建設に見られるように、ひとつの王朝（または同族の王朝）の支配が長いあいだ続いた。太陽を奪い合うような闘争型のボールゲームは生まれず、「丸いモノ＝太陽の象徴」を「長いモノ＝王の手にする王笏＝地上権力の象徴」で打ち飛ばし、その飛び方によって、「その年のナイル川の氾濫が、いつごろどのように起こるか」ということを占ったという。ベースボールは、太陽を奪い合って世界の支配者を決めるフットボールのような闘争型ゲームとは異なり、太陽の動き（飛び方）で世界の未来を予測する占い型ゲームと言えそうだ。実際、エジプトのピラミッドには、ファラオ（古代エジプトの王）が、長いモノ（王笏）で丸いモノ（太陽）を打とうとしているかのような、まるで野球のノックをしているかのようにも見える絵も残されている。

闘争型のフットボールと較べて、平和的な占い型のボールゲームは、エジプトから北上して東ヨーロッパに伝わる。たとえばロシアやウクライナには、「ラプタ」と呼ばれる、球を打って、走って、戻ってくるゲームがある。それが北欧（ノルマン人の文化）を経て（フィンランドにもラプタと同様の雪のなかで行われるボールゲームが存在する）、16世紀ごろにイギリスに伝わり、「ラウンダーズ」というベースボールの元祖と言える「バット・アンド・ボール・ゲーム」に整えられたらしい。そのラウンダーズから、ゴールボール、タウンボール、ベースボール、そしてクリケットなどの「バット・アンド・ボール・ゲーム」が生まれ、アメリカに渡ると、ニューヨークのニッカーボッカー・ベースボールクラブの創設者であるアレクサンダー・ジョイ・カートライト（１８２０～１８９２）によって１８４５年にルールが整えられ、今日のベースボールへとつながる発展の基礎が築かれたのだ。

そんなベースボールに、少々不思議な意味不明の言葉がある。それは、「サウスポー（south paw）」

という言葉だ。ピンク・レディーの「サウスポー」という曲でもよく知られているように、「サウスポー」とは、もともと「左利きの投手」のことを表す言葉。いまでは「左利きの打者」や「左利きの野手」にも使われるようになり、「左利きのボクサー」や「左利きのテニス選手」にも使う人が現れるようになった。サウスポーの本来の意味となると、「サウス（south）」は「南」。「ポー（paw）」は「（人間の）手」を表す言葉。つまり「南の手」。それがなぜ「左利きの投手」を表すようになったかというと、諸説イロイロあるそうだが、野球のルールで野球場の方角が定められていることに起因しているという説がもっとも納得できるし、オモシロイ。ルールブックの「第2条 競技場」には、次のように書かれている部分がある。

「本塁から投手板を経て二塁に向かう線は、東北東に向かっていることを理想とする」

これはナイトゲーム用の照明設備がなかった時代に、太陽の光が、人数の多かった右打者の目を射ることのないように配慮されたルールだ。この場合、「左投手の手」は「南側から出る」ことになる。だから左投手はサウスポーというわけだ。他に、「メジャーリーガーの南部出身のピッチャーに、左利きの投手が多かったからサウスポーという言葉が生まれた」との説もあるようだが、コレは少々「ホンマカイナ」と首を傾げたくなる。

語源の正解はワカラナイにしても、「サウスポー」→「南の手」→「左利きの投手」→なぜ？という疑問の流れを身につけるようにしたいですね。そのような疑問の連鎖から、最後には「スポーツって、何だ？」という疑問にたどりつくのですからね。

野球（ベースボール）の試合時間は20分？

「誰もが知っていそうで、じつは多くの人が知らないこと」を紹介してきた。そのほとんどで、スポーツに関する言葉の問題――バレーボールやドッジボール、サッカーといったスポーツ競技の名称や、トライ、ゴール、スコア、サウスポーといったスポーツ用語など――を取りあげてきた。

しかし、スポーツに関する「知っていそうで知らないこと」は言葉の問題だけではない。たとえば、野球の試合時間。それがいったいどのくらいの時間なのか、あなたはご存じですか？　プロ野球ファンなら、それは即座に「３時間前後かな」と答えるに違いない。さらに詳しいプロ野球ファンなら、「昔は短くて２時間半くらいだったけど、最近は徐々に長くなってきて３時間を超えるようになった」と答えるだろう。

確かにそれも「正解」で、２０１８年の平均試合時間は、９イニングで試合が終わった場合、３時間13分。延長戦を加えると、３時間18分というデータをＮＰＢ（日本野球機構）が発表している。２０００年代に入ってからは、おおよそこのくらいの試合時間で推移している。が、約70年前の１９５０（昭和25）年、それまで１リーグだったプロ野球が、セントラルとパシフィックの２リーグに分裂し、それ以降、様々な記録が残されるようになったのだが、そのときの平均試合時間は、セ・リーグで１時間44分、パ・リーグは１時間45分だった。

プロ野球の試合時間は約70年のあいだに、約２倍に延びてしまったのだ。宇佐美徹也『プロ野球記録大鑑』（講談社）によれば、パ・リーグの試合時間が１９５４（昭和29）年に２時間を突破。セ・リーグは３年後の１９５７（昭和32）年に２時間を突破し、その10年後の１９６７（昭和42）年にセ・パともに２時間30分を突破。そして１９８０（昭和55）年に、パ・リーグが３時間を突破し、３年後の１９８３（昭和58）年にセ・リーグも３時間超えとなった。

昔に較べて、投手と捕手のサイン交換が複雑化し、投手の投げる変化球も多種多様になり、打者がファウルを打つ回数も増えた。ベンチ（監督）からのサインも複雑になり、代打・代走・守備固めの選手交代・投手交代などなど、試合時間が長くなる要因が増えたのは確かだ。それらは、ほとんどがボールデッドの状態、つまりプレイ中の出来事ではないのだ。

実際にプレイしている時間を計ってみると、じつは試合時間が１時間半だったときも、３時間を超えたときもさほど変わらず、20〜30分しかないらしいのだ。投手がボールを頭上に振りかぶる動作（ワインドアップ）を開始し、投げて、ボールかストライクとコールされるまで約３秒。両チームの投手が合計３００球投げるとして９００秒（15分）。そのうち、ランナーが出てセットポジションを取ったケースが、多めに数えて20回あったとしても、２００秒（約３〜４分）。ホームランが出たとしてもプラス３秒程度。三塁打が一番長いプレイで約10秒。両チームで合計20安打として……といった具合にイロイロ計算してみても、せいぜい合計30分なのだ。

試合時間が３時間を超え始めた一時期のプロ野球は、「打者は打席を外さないように」とか「ベンチからピッチャーズマウンドに行くのは、１イニングに１投手につき一度」とか、様々な試合時間の短縮化が呼びかけられた。最近では地上波テレビの中継も少なくなり、ファンも長い試合を応援歌をうたいながら楽しむようになった。そのため、長時間試合に対する批判の声は鳴りを潜めるようになっている。

少々困っているのがオリンピックなどの国際試合で、長い試合時間はスケジュールの消化に支障をきたしかねない。そこで２０２０年の東京オリンピックでは、９イニング制の野球を７イニング制にしようという声もあるのだが、あなたはどう思いますか？　わたしは大の野球ファンですが、それもまた面白いのでは……という考えです。１８４５年に始まったころは、20点（スコア）を超えれば勝利だったベースボールが、12イニングになり、１８５７年には９イニングになった。そろそろ、新しいルールになっても面白いかも……!?

そういえば、前後半45分ハーフのサッカーを30分ハーフに変更しようという動きがあるらしい。これは、ボールがフィールドの外にあるボールデッドのときには確実に時計を止め、ボールが動いているインプレイの試合時間を有効に使えば、現在よりもきちんとした試合になるという考えらしい。あなたは、どう思いますか？

サッカーやラグビーの試合時間を示す時計はどこにある？

野球の試合が９イニングから７イニングになるかも……という話題、サッカーの試合が45分ハーフから30分ハーフになるかもしれない（ただしボールがタッチラインを割るなどして、試合がストップしたときには時計も止める）、といったことも紹介した。

そんなの面白くない！　と即座に反発した人もいることだろう。実際、元プロ野球選手に、この野球のルール「改正」の話をすると、間髪を入れずに「ダメダメ」と反発する人がほとんどだ。試合時間は短くなるかもしれないが、リリーフ投手の使い方（継投策）や代打の起用法など、作戦面での面白味がグッと減る。それに過去の記録との比較が不可能になる……といったところが反対理由だ。長すぎる試合時間を短くするには……？　という問題提起に対しては、なかなか妙案が出てこない。最近では「野球が面白けりゃ、いくら長くてもイイじゃないか」という意見が主流と言える。

そんななかで、元ヤクルト・スワローズの選手で現在は野球解説者、スポーツ解説者として活躍している青島健太さんは、なかなか面白い意見を持っておられる。それは、大会によって7イニングもあれば9イニングもある、と変化をつけてもいいのではないか、という意見だ。

試合時間が長すぎるのであれば、オリンピックやプロ野球のペナントレース、さらに若い選手の身体の故障を防ぐため、アマチュア野球（社会人野球、大学野球、高校野球、少年野球など）では7イニング制にしてしまう。そして、プロ野球のクライマックス・シリーズや日本シリーズ、オールスター戦はいままで通りの9イニング制に。さらに、社会人野球の都市対抗野球や日本選手権の本戦、全日本大学野球選手権などは9イニング制に、高校生以下の少年野球は全部7イニング制にするなど、大会によって長さを変える。「テニスでも、世界の四大大会の男子は5セットマッチだが、他の試合は3セットマッチと、大会によって違うから、野球も変化を……」というのが青島氏の意見だ。

わたしもこの意見に大賛成だ。

しかし、昔の記録と比較できなくなる……と反論する人はいるだろう。ボールやバットの質、球場の広さなどを考えると、昔と今の野球の記録はそもそも単純に比較できるものではない。それにスポーツを観るうえで一番重要なことは、目の前で起こる素晴らしいプレイに驚嘆することであり、記録を楽しむ（記録に驚く）のは、二次的三次的な楽しみでしかないと言える。「通算○○号ホーマーを記録！」「通算○○勝投手が誕生！」と言っても、それが風に乗ってフェンスぎりぎりに入るホームランだったり、滅多打ちを喰らいながらも味方打線の爆発のおかげでの勝利投手だったりすれば、かなり興醒めというほかない。

以前、わたしはプロ野球の試合で、三振をしないことで有名な某選手が何百打席か連続無三振という瞬間に遭遇したことがあった。翌日のスポーツ新聞は、「日本新記録！」と騒いだが、ボテボテの内野ゴロ（三振ではありませんからね）での日本記録達成など、野球の試合現場では何の面白味もなかった。

だから記録など「ドーデモイイ」とまで言う気はないが、野球の現場を面白くするためのルール改正には、どんどん前向きに取り組むべきだろう。

一方、サッカーの場合の「30分ハーフ・ルール」には、少々微妙なところがある。そのルール改正によって、試合（にかかる）時間が短くなるのか？　長くなるのか？　よくわからないからだ。

ボールがタッチラインの外に出る。その瞬間、時計が止められる。いくら時間をかけようが時計は進まない。だからベンチからの指示を得るのに時間をかけたり、選手間のコミュニケーションを取ったり、水分補給をしたり、選手交代にタップリ時間をかけたりしなくなるだろう。たとえ「間」

を長くとっても、どうせ時計は止まっているのだから誰にも文句は言われない。だから結局、試合全体に要する時間は現在の「45分ハーフ・ルール」よりも長くなる、と断言する人もいるのだ。

おまけにこのルール変更は、サッカーのルール変更という以上に、ヨーロッパ社会が育ててきたフットボール文化の根本的改変であり、「絶対に受け入れられない」という人もいるらしい。

サッカーやラグビーといったヨーロッパ生まれのフットボール・ゲームには、最初のうちはレフェリーなど存在しなかった。タッチラインの外にボールが出たときは、どっちのチームのスローインか……を、両チームのキャプテン同士の話し合いで決めていた。いまのプレイは誰の反則か……ということも、同じ。

ところが、キャプテンも人の子で、勝負にこだわれば、どうしても自分のチームの有利になるような判断をしたがる。そこで、仲裁を「委託する（refer）」人物を導入することになった。その仲裁を請け負った人物がレフェリー（referee）というわけである。野球のアンパイア（umpire）も、「仲裁者・判定人・審判」といった意味だが、レフェリーのように単語の後ろに「-ee」が付いて人物を表す場合は、受動的な人物を表す。インタヴュー（interview）をする人はインタヴュアー（interviewer）、インタヴューを受ける人はインタヴュイー（interviewee）というように。

サッカーやラグビーのプレイの判定をするために、両チームからお願いされて仲裁を請け負った人物がレフェリーというわけで、レフェリーには強い権限が与えられることになる。反則などの判定のほか、試合時間も決定する権限が委託されることになった。そこでレフェリーは、自分が手にした腕時計の示す時間だけで試合時間を決定するようになったのだ。

ところが審判によって時間の計り方がマチマチで、どうも正確に45分ハーフになっていないとの評価もあり、最近ではアディショナル・タイム（選手のケガ等で試合が中断したため追加すべき時間）を、第4の審判（fourth official）が示すことになった。それでも最終決定を下す主審の判断によってアディショナル・タイムの長さがマチマチになるとの声もある。審判が、どちらかのチームを贔屓《ひいき》しているという疑惑も生まれてしまう。そのため、試合の流れ、つまりボールの動きの止まったときは時計も止める「正確な30分ハーフ制」の導入と同時に、時計をバスケットボールやアメリカンフットボールのように、観客にも見えるようにするべきだ、という意見が出てきたのだ。

これにモーレツに反発しているのが、サッカーやラグビーの伝統を守れ！　と主張するヨーロッパの「フットボール原理主義」的考え方をする人たちだ。いったい彼らは、フットボール文化の「何」を守ろうとしているのだろうか？

アメフトは距離をメジャーで計るのに、サッカーはなぜ目分量？

ヨーロッパの人々がアメリカへ移住を開始したのは１６２０年11月。ピルグリム・ファーザーズ（巡礼始祖）と呼ばれる清教徒たち１０２人が、キリスト教徒にとっての理想的な社会を建設しようという目的で、イギリスから北アメリカ東海岸（現在のマサチューセッツ州プリマス付近）に渡り、植民を開始した。

そのときにヨーロッパのスポーツ文化も一緒に、アメリカの地に渡ったはずだ。はっきりと資料に残されているわけではないが、当時のイギリスやフランスといったヨーロッパ大陸で、祝祭日に盛んに行われていたフットボール（フランスでラ・シュール、イギリスでマス・フットボール、モブ・フットボールなどと呼ばれていた球戯）を、植民者たちが知らないわけはない。彼らの後を追って続々と移住してきた人々のなかにも、おそらくフットボールで遊びたいと思っていた人は少なからずいたに違いない。

しかし、北アメリカという地域は痩せた土地が多く、砂漠地帯も広がっており、おまけにインディアンと呼ばれたアメリカ先住民たちとの戦いも繰り返され、とてもフットボールを楽しめるような環境ではなかった。当時のフットボールで使用されたボールは、牛や豚の膀胱を膨らませたものが用いられていた。そのため、日々の生活が厳しかった北アメリカの移住者たちは、食料にもなる牛や豚の膀胱で遊ぶことなどできなかっただろう。

北米では長いあいだ大きなボールを作ることが容易ではなく、生活にゆとりが出始めた17世紀後半ごろに、糸を巻いて作る小さなボールを棒で打つ、ゴールボール、タウンボール、ベースボールなどと呼ばれるイギリス生まれのボールゲームが流行するようになった。

南米への移住では、16世紀後半ごろからスペイン人やポルトガル人たちによるアルゼンチン、ウルグアイ、ブラジル南部の豊かなパンパ地帯（ラプラタ川流域における広大な草原地帯）での牛や馬の放牧、豚の飼育などが盛んになり、間もなくその膀胱を使ってのフットボールも行われるようになった。さらに熱帯雨林地帯からゴムの木も発見されて、ゴムを皮で包む大きなボールも容易に作られるようになり、フットボールが盛んに行われるようになったという。

現在も、南米では主にサッカー、北米ではベースボールが盛んなのも、そのあたりにルーツを求めることができそうだ。メキシコ、ベネズエラといった中米では、南北両方の影響を受け、どちらも盛んと言えるのだろう。

北米のベースボールが一気に発展するのは南北戦争（１８６１～１８６５）のころからで、１８４５年にアレキサンダー・ジョイ・カートライトがルールを確定したベースボールは南北戦争をきっかけに、北軍の兵士から南軍の兵士へと伝えられ、アメリカ全土で楽しまれるようになったという。南北戦争（アメリカの南北統一）後には、アメリカの人々のあいだにパトリオティズム（愛国主義）やナショナリズム（国家意識、国家主義）が昂揚し、スポーツの世界でもヨーロッパ生まれのものではないアメリカ独自のゲームを作ろうとする動きが活発になる。そして、バスケットボール、アメリカンフットボール、バレーボールなどのボールゲームが生み出され、人気を博するようになった。カナダ生まれのアイスホッケーも人気が出たようだ。

そのとき少々困った事態に陥ったのはベースボールだ。ベースボールは独立戦争で敵だったイギリス生まれのボールゲームではないか。そんな疑惑や非難の声が高まるようになったのだ。当時のアメリカのベースボールは、すでに現在のＭＬＢ（メジャーリーグ・ベースボール）につながるＮＬ（ナショナル・リーグ、１８７６年～）やＡＬ（アメリカン・リーグ、１９０１年～）も誕生していた。そこで、１９０５年にＭＬＢとアメリカ連邦議会上院が、この疑惑に応えるために「ベースボールの起源調査委員会」を発足させ、調査を開始した。その結果、「ベースボールは１８３９年にニューヨーク州クーパーズタウンで、のちに北軍の将軍となるアブナー・ダブルデイ（１８１９～１８９３）が始めたアメリカ生まれのボールゲームである」との調査結果を公表する。

この調査結果は、調査委員長だったアルバート・スポルディング（1849～1915／現在もその名を残すスポーツ用品メーカーの創設者）がダブルデイ将軍と親戚だったこともあり、結構アヤシイものというほかなかった。だが、クーパーズタウンという美しい街にはいまもメジャーリーグの野球殿堂（Hall of Fame）があり、多くの人々がその「神話」を、「神話」と納得して愛しているのだ。

ベースボールが「神話」以上にアメリカ的であることも確かだ。それは、ピンチヒッター（代打）やピンチランナー（代走）、投手交代など、先発選手に代わって多くの選手が交代（メンバーチェンジ）して出場できることでもわかる。

ヨーロッパ生まれのボールゲームは、サッカーにせよラグビーにせよ、誕生した（ルールが明確になった）直後から第二次大戦後まで、たとえケガをしても一切のメンバーチェンジが認められなかった。先発選手は選ばれたエリートとして、最後までプレイすることが義務とされていた。

そんなヨーロッパのエリート主義を、アメリカ人たちは、みんなで少しでも多くの人々で、楽しめるスポーツに変更したのだ。痩せた土地を苦労して耕し、みんなで協力して新しい街を作ったアメリカ人は、アメリカ式民主主義（アメリカン・デモクラシー）の社会を建設し、そのやり方をスポーツにも取り入れたのだ。

ヨーロッパ生まれのサッカーやラグビーの試合時間は、レフェリー（主審）が持っている一個の腕時計で決定される。アメリカンフットボールやバスケットボールの試合時間は、観客の誰にも見える場所に備えられた大きな時計で、みんなにわかるようになっている。

　サッカーのフリーキックのときは、相手選手がボールから離れる距離を計るのに、主審は目分量で10ヤード（9・14メートル）を測る。一方、アメリカンフットボールの場合、攻撃で10ヤード進んだかどうか（攻撃権が新しく更新されるかどうか）微妙な判定になれば、10ヤードの長さのメジャー（ヤードチェーン＝鎖《くさり》）で計ることになっている。

　またアメリカ生まれの球戯はすべて、ベースボールもアメリカンフットボールもバスケットボールもバレーボールも、審判が複数存在する。判定の難しいときは、その複数の審判が話し合って決めるのだ。しかしサッカーやラグビーは、最終的に一人の主審が判断する。

　このあたりも、アメリカン・デモクラシーとヨーロッパの君主制度（啓蒙専制君主）の違いと言えるかもしれない。

　ヨーロッパ生まれの球戯も、最近はメンバー交代の人数が徐々に増えてきたり、サッカーのアディショナル・タイムが観客にもわかるように表示されたり、ラグビーの最後のワンプレイがブザーで知らされるなど、徐々にアメリカン・デモクラシー型スポーツに近づいてきたと言えそうだ。それだけにヨーロッパの伝統を守ろうとするサッカー・ファンは、新たな「正確な30分ハーフ制」＝「時間公表制」のようなアメリカ型にまた一歩近づくことに強く反対しているのかもしれない。

星飛雄馬は、なぜ投球のときに目から炎を出すのか？

ひとむかし前の話になるが、１９７０年代アメリカのニクソン大統領とフォード大統領の時代に、大統領補佐官、国務長官として米中国交回復などの成果をあげたのはヘンリー・キッシンジャー氏だった。彼はドイツ生まれで、15歳のときに移住したこともあり、アメリカでは数少ない熱心なサッカー・ファンとして有名だった。

日本代表が初めてサッカーのワールドカップに出場した１９９８年のフランス大会では、決勝戦の前夜にエッフェル塔前の広場でパヴァロッティ、ドミンゴ、カレーラスという「三大テナー」のコンサートが行われた。その取材に行ったわたしの前席に当時のＦＩＦＡ会長のアヴェランジェ氏がいて、その斜め前がフランスのシラク大統領、その少し横にキッシンジャー氏が座っていた。

サッカー・ファンのアメリカ人であるキッシンジャー氏は、ワールドカップ見物と同時に、三大テナーのコンサートにも足を運んでいたのだが、彼は70年代に独自のサッカー改革案を提唱していた。たとえば、ゴールを大きくして、得点を入れやすくする。そうすれば0対0の「スコアレス・ドロー（無得点引き分け試合）」という「退屈な試合」が激減し、10対9、8対7といった「興奮するゲーム」が増える、と言うのだ。

また、「前後半45分ハーフ制・合計90分」の試合を4分割にし、「20分クォーター制・合計80分」にする、というアイデアも唱えていた。これは現在話題になっている「30分ハーフ制」と同様、インプレイ中だけ正確に時計を進めるというもの。「クォーター制」にすれば、テレビのコマーシャルも入れやすいという「営業上のメリット」もあった。

しかし、キッシンジャー氏の主張は一顧だにされることなく、ＦＩＦＡから無視された。そのアイデアはバスケットボールのように得点がたくさん入ったり、アメリカンフットボールのように時計が止まったり動いたりして、結果として「アメリカ的なスポーツ」になってしまうことが嫌われたようだ。が、それ以上にヨーロッパのサッカー・ファンから「アメリカ的」だと無意識的に嫌われたのは、ゲームのなかに無闇に「ドラマ」が入り込むことだった。

アメリカ生まれのボールゲームが、ヨーロッパ生まれのボールゲームと大きく異なる点は、「アメリカン・デモクラシーを反映していること」のほかに「試合の中断がやたらと多いこと」を挙げることができる。

3時間以上の野球の試合もボールが動いているインプレイの時間は30分ほどだ、ということを先に述べたが、アメリカンフットボールでも一度の攻撃ごとに攻撃チームがハドルを組んでクォーターバックの選手が作戦を伝えるため、試合は中断に次ぐ中断が繰り返される。バスケットボールもフリースローで中断することがある。加えて、アメリカ生まれのボールゲームにはすべて作戦タイムという中断も存在している。

一方、サッカーやラグビーやホッケーには作戦タイムという中断など存在しない。ヨーロッパ生まれのボールゲームでは、できるだけ試合の流れを途切れさせないよう、試合を中断させないよう進められるのだ。

このヨーロッパとアメリカの違いは、劇場文化の有無によるもの、とされている。ヨーロッパでスポーツが誕生・発展したころには、すでに劇場文化も存在し演劇やオペラが日常的に上演されていた。古代ギリシアでは、アイスキュロス、ソフォクレス、アリストパネスといった悲劇作家や喜劇作家が数多く活躍していた。またラシーヌ、コルネイユ、モリエール、シェイクスピア、ボーマルシェ、モーツァルトなどを挙げるまでもなく、ルネサンス以降のヨーロッパでも、演劇やオペラなどの上演が盛んだった。

しかし、インディアンと呼ばれたアメリカ先住民との戦いや、開拓のための労働に明け暮れたアメリカ大陸の町や都市では、教会は建設されても劇場の建設にまでは手が回らなかった。アメリカの人々は、ドラマの楽しみを広場さえあれば行うことのできるスポーツのなかに求めるようになった。その結果、アメリカ生まれのスポーツにはドラマ（演劇、芝居）のような「間（ま）＝試合の中断」が多くなったというのだ。

劇場でドラマを楽しむことの少なかったアメリカの人々は、ピッチャーが投球動作に入り投げるまでのあいだに様々なことを思い浮かべた。あのピッチャーは最近調子が悪い。何かあったのか？　新聞によると恋人にフラれたそうだ。だったらその悔しさをぶつけろ！　バッターは恋人に逃げられるようなピッチャーなんかに抑えられるなよ……。

スポーツ映画は、ベースボールやアメリカンフットボール、バスケットボールやアイスホッケーなど、アメリカのスポーツがほとんどだ。それに較べてサッカーやラグビーを題材とした映画は少ない。ヨーロッパ生まれのボールゲームは、試合のなかにドラマを入れ込むことが難しいのだ。

『巨人の星』の主人公の星飛雄馬は、ピッチャーズマウンドで目の中にメラメラと炎を燃やし、「俺はオヤジに負けない！」などと叫びながら投球する。その時間、ドラマを演じる時間はタップリある。それに較べて、『キャプテン翼』の大空翼が、ボールをドリブルして走りながら「このゴールは、俺たちの友情の印だ！」といった台詞をいうのは、現実的とは言えない。それもアメリカ型の球戯とヨーロッパ型の球戯のあいだに、本質的な相違が存在しているのだから、仕方のないことと言えるだろう。

アメリカの球技とヨーロッパの球技は、どこが違うのか？

欧米から日本にスポーツが伝播したのは明治時代初期。文明開化の明治4～10年ごろに、西洋の様々なスポーツが伝わってきたと言われている。

１８８３（明治16）年には、東京大学の「お雇い教師」の一人だったフレデリック・ウィリアム・ストレンジが『アウトドア・ゲームズ』という小冊子を丸善から出版し、様々なスポーツを紹介した。それをきっかけに、走ることや跳ぶこと（陸上競技）も、西洋式の泳ぎ方（水泳競技）も、西洋式の乗馬も、西洋式の釣り（フィッシング）も、サッカーも、ラグビーも、ホッケーも、ベースボールも、クリケットも、それらの球技の祖先とされるラウンダーズと呼ばれる球戯も、ゴルフも、テニスも、バドミントンも……と、多くのスポーツが知られるようになっていった。

ありとあらゆるスポーツ競技が、文明開化の波に乗って日本に雪崩れ込んできたが、庶民のあいだで瞬く間に圧倒的な人気を獲得したのが、ベースボールだった。

テニスやゴルフは上流階級の一部の人にしか広がらず、サッカーやラグビーは一部の大学や高等学校の学生にしか広がらなかったが、ベースボールは明治20～30年代には、北は北海道から南は九州・沖縄まで、様々なチームが誕生した。

多くの男たちはボールを投げ、ボールを打ち、ベースを駆け抜けることに興じるだけでなく、野球の強い学校――第一高等学校（現在の東京大学教養学部）、明治学院、慶應義塾、早稲田大学、東京高等商業大学（現在の一橋大学）、駒場農学校（現在の東京大学農学部）、工部大学（現在の東京大学工学部）の試合には、見物人も大勢集まるようになった。そして、明治27年には、第一高等学校の野球部員だった中馬庚《ちゅうまんかなえ》によって、「野球」という訳語も作られ、一般化するようになったのだった。

なぜ日本では多くのスポーツ（ボールゲーム）のなかで、野球《ベースボール》だけが突出した人気を博したのか？

その理由については、昔から多くの人々がいろいろな意見を述べている。投手と打者の対決が相撲の立ち合いに似ていて、日本人に理解しやすかったから……。日本人は数字が好きで、打率、本塁打数、打点、勝利数、敗戦数、防御率……など多くの数字が並ぶ球技が理解しやすかったから……。

本書をお読みの読者は気づかれたかとも思うが、野球のように試合中の中断の多い球技は、その時間を利用して観客が様々な「ドラマ」を思い浮かべることができる。だから少々野球のルールがわからなくても、苦しんでいると思われる投手に「がんばれ！」と声援を送ったり、チャンスだと思える打者に「それいけ！」と励ましたりすることができる。つまりベースボールのようなアメリカ型のドラマ性の高い球技は、競技のルールや選手の技術、試合の戦略や戦術などを知らない人々にとっても、とっつきやすいスポーツと言えるのだ。

それに加えて日本という風土には、他国と較べて珍しい過去の歴史があった。

世界的には、19世紀から20世紀まで一般市民が兵士となる戦争が続いていた地域が多かったが、日本では１６００年の関ヶ原の合戦でほとんど幕を閉じ、その後、徳川幕府の平和な時代が２５０年以上続く。戦国時代の１５４３年、ポルトガル人が種子島に漂着して鉄砲が伝えられて以来、わずか約半世紀のうちに戦いは終結しているのだ。

軍人だけでなく、一般の人々が銃を持って戦うためには、チームプレイの理解が必要となる。三組に分かれた鉄砲隊が順々に入れ替わって火縄銃を撃ったり、左翼の鉄砲隊が射撃したあとに、右翼の騎馬隊、中央の歩兵隊が進軍する、といった具合に、鉄砲という武器は（狙撃兵という特殊な役割の兵士を除いて）、戦争に参加したあらゆる兵士に、必然的にチームプレイを要求することになる。

鉄砲が出現する前の戦争は、基本的に一人ひとりの力が中心となる。兵士（武士）は個人で手柄をあげようと先陣を切り、「やあやあ我こそは○○、遠からん者は音に聞け、近くば寄って目にも見よ！」と大音声《だいおんじょう》で名乗りをあげ、戦いに臨んだ。そして大将は、戦いに勝てば兵士に論功行賞を施したのである。

戦争を早く終え、多くの人々の鉄砲での戦いの経験が未熟なまま平和な時代に突入した日本では、当然、チームプレイに対する理解も進まなかった。「徳川の平和《パクス・トクガワナ》」の時代に語り継がれた戦いは、源義経や那須与一を中心とした一の谷、屋島、壇ノ浦の源平の戦いでの個人戦であり、上杉謙信・武田信玄の川中島の一騎打ち、あるいは宮本武蔵・佐々木小次郎の巌流島の決闘だった。

そんな日本の社会に、勝敗を争うチーム（集団）の戦いであるスポーツ（ボールゲーム）が伝わってきたのだ。日本人がサッカーやラグビーでなく、ベースボールに飛びつくのは当然だろう。集団のなかから一人の武士（打者）が「やあやあ我こそは……」と名乗り出て、マウンドに立った一人の武士（投手）と対決する。そして大将（監督）は論功行賞を施す。そうして日本人は、明治時代にいち早く野球《ベースボール》を好きになり、他のスポーツもすべて野球を基準に考えるようになったのだった。

その結果、サッカーやラグビーやバスケットボールのチーム・スポーツはもちろん、陸上（駅伝）も水泳（リレー）も卓球のような個人競技も、指導者（コーチ）が、ベースボールのように監督（マネジャー）と呼ばれるようになった。

また、柔道、卓球、テニス、フィギュア・スケートの団体戦、つまり一人ひとりが力を発揮してチームで勝利を目指す競技の団体戦と、一人ひとりが異なる動きをしてひとつのチームとして機能するサッカーやラグビーのような団体競技《チーム・スポーツ》の違いがはっきりと理解されなくなったり……と、野球の普及は、無自覚的に、日本のスポーツ界全体に影響（悪影響？）を及ぼした、と言うこともできる。

日本人の多くがチームプレイというものを理解できるようになってきたのは、１９９３年のＪリーグ発足以降とも言えそうだ。

チームプレイと団体行動の違いは何か？

個人的な話題で恐縮だが、１９９３年にＪリーグが生まれたとき、幼稚園児だった我が家の長男坊はサッカークラブに所属していた。

ある日、練習を終えた５～６人の子供たちが、ユニフォーム姿のまま我が家に集まり、大ブームを巻き起こしていたＪリーグの、ジェフユナイテッド市原の試合をテレビ観戦することになった。相手チームがどこだったのかは忘れたが、その試合でドリブルを得意とする世界的プレイヤーのリトバルスキーが、ハーフウェーライン付近で相手選手のボールを奪い、そのボールを両脚で鮮やかに扱い、ディフェンダーを次々と抜いていった。

「ああっ、リトバルスキー、素晴らしいドリブル！　一人抜いて、二人目もかわして、三人、四人目も……」とアナウンサーは絶叫したのだが、リトバルスキーは個人プレイに走りすぎたのか、相手ディフェンダーにボールをカットされ、チャンスは消えたのだった。

「リトバルスキーの見事なドリブル！　しかし、ボールはタッチラインの外へ。惜しかったですねえ」

アナウンサーは残念そうな声を絞り出したが、その少し前、テレビ観戦中のサッカー少年たちは声を揃えて「逆サイド！　逆サイド！」と叫んでいたのだ。逆サイドには、手を挙げている味方選手がノーマークで立っていたのだ。チャンスが消えると、「ああ、もう、ダメだよ……」と子供たちは残念がった。

Ｊリーグ発足以来、急速に進化した日本のサッカー界で、現在このような実況中継をするアナウンサーはいなくなっただろう。そして幼稚園児のサッカー選手たちと同じように、ゴリ押しで相手選手を抜こうとした個人プレイを非難するに違いない。

集団で行うスポーツと言えば、野球のイメージが強かった古い日本人は、どうしてもバッターの豪打やピッチャーの快投のような個人プレイに注目してしまうのだ。そこでサッカーのようなチームプレイの競技でも、ドリブルのような個人プレイに目が留まってしまう。古い日本人は、フィールド全体を見るのが苦手なのだ。

Ｊリーグの誕生から四半世紀以上たったいま、日本のサッカー・ファンのあいだにチームプレイという考え方も浸透したはずだ。が、チームプレイと団体（集団）行動の違いは？　と訊かれて、すぐに明確に答えられる人はどれくらいいるだろうか？

チームプレイとは「一人ひとりがそれぞれ異なる動きをして一つのチームとして機能すること」であり、団体行動とは「一つの集団（団体）が同じ行動をすること」である。だから、たとえばチームの合宿などで、○時起床、○時散歩、○時朝食、○時ミーティング……といった団体（集団）行動をすることは、チームメンバーの結束、心のつながりを強めるには役立つだろうが、チームプレイの進歩には直接的にはつながらない、ということを認識するべきだろう。

われわれ日本人は、主に学校の体育の時間にスポーツのやり方（ルール）は教わっても、チームプレイとは何か？　といったことは教わらない。それはチームで行う競技のこと……と、なんとなく理解している程度でしかない。だからチームプレイと団体競技の違いも明確に認識できないままでいる人が多い。

さらに問題なのは「スポーツとは何か？」という根本的な課題も学校の授業で教わらない。なんとなくスポーツとはプロ野球とか大相撲とかオリンピックで行われているもの、という程度の認識しかないまま、誰もがスポーツを楽しみ、スポーツを応援しているというのが実情だ。

２０１２〜２０１３年ごろ、関西にある高校のバスケットボール部のキャプテンが、顧問の教師の体罰を苦に自殺したことがきっかけで、柔道とその他のスポーツで体罰が大きな社会問題となった。テレビのワイドショーでもこの問題が取りあげられ、常日頃、政治経済や社会問題について語っているコメンテイターの中に、次のような発言をする人物が何人かいた。

「体罰がすべていけないというわけではないでしょう。一発や二発叩く程度ならいいけど、五発や六発もとなると問題ですよ。要は程度の問題ですね」

こういう発言を耳にすると心底ガッカリする。わが国では知識人と認められている人物でも、スポーツとは何か？　と訊かれて、正しい答えを返すことができない。だから、このような間違いを平気で口にし、それを間違いだと咎《とが》める人もいないのだ。

もちろんわたしも、かつてはそんな一人だった。体罰はとくに部活動においては、教育的な指導として容認されていた。何しろ学校の体育の授業で「スポーツとは何か？」ということなど教えてくれなかったのだから。

わたしもスポーツライターとして不惑（40歳）を迎えるころになって、ようやく「スポーツとは何か？」という疑問を頭に思い浮かべるようになったのだ。調べてみると、ある書物には、スポーツとは経済が発達し、社会が豊かになり、人々に余暇が生まれた結果の文化だと書かれていた。オリーブやブドウやワインの生産、ワインや穀物を入れる壺の生産で社会が豊かになった古代ギリシアでは余暇が生まれて、オリンポスの祭典競技を行うようになった。また産業革命で豊かになった近代イギリス（イングランド）では、サッカー、ラグビー、ボート、ボクシング……などの近代スポーツが生み出された。

しかし、この説明は明らかに不十分だ。古代ギリシアよりもはるかに豊かな社会だったペルシア帝国は、なぜスポーツという文化を生み出せなかったのか？　漢、唐、元、明、清といった中華帝国や、あるいはセルジューク・トルコ、オスマン・トルコといったイスラム帝国も、産業革命初期のイギリスよりははるかに豊かな社会を築いたはず。だが、スポーツという文化を生み出し、発展させたのは、世界史のなかで古代ギリシアと近代イギリスだけなのだ。

いったい、なぜ？　という疑問に鮮やかな答えを提供してくれたのは、ユダヤ系ドイツ人のノルベルト・エリアス（1897〜1990）という名の社会学者だった。彼は哲学者でもあり詩人でもある。

古代ギリシアと近代イギリス——そこは経済的発展と同時に、世界に先駆けて民主主義社会を生み出し、発展させた地域。だから、スポーツという文化を生み出すことができた、というのがエリアスの説だった。民主主義社会がスポーツを生んだ。民主主義社会しかスポーツを生み出せない……いったい、なぜ？

スポーツは民主主義社会からしか生まれないのか？

ノルベルト・エリアスが唱えた「スポーツは民主主義社会からしか生まれない」という説を考えてみよう。

確かにスポーツと呼べる文化を先駆けて生み出したのは、古代ギリシア社会と近代イギリス社会。両者とも、世界に先駆けて民主主義という政治制度、民主主義という社会制度を生み出した社会である。

古代ギリシャでは、千年以上も続いたオリンポスの祭典（古代オリンピック＝紀元前７７６～西暦３９３年）において、徒競走（スタジオン走）や幅跳びや円盤投げ、ボクシングやレスリングやパンクラチオン（ボクシングとレスリングを組み合わせた格闘技）、馬車による戦車競走などが行われていた。アテネやスパルタ、テーベやコリントなど、各都市国家を代表して出場した選手たちは、主神ゼウスが見守るなかで4年に一度、あらゆる争いや戦いを休止して競技大会に臨んだという。

近代イギリスでは、19世紀中ごろからフットボール（サッカーやラグビーやホッケー）やボート、ボクシング、陸上競技の統括団体が生まれている。そして、ケンブリッジやオックスフォードの大学、ラグビー校やイートン校のパブリックスクールで、いろいろなスポーツ競技が盛んに行われるようになった。そのころ、イギリスに留学していたフランス人の教育者ピエール・ド・クーベルタン男爵は、スポーツ競技に目を付け、それを古代ギリシアのオリンポスの祭典と結びつけて、世界をスポーツによって平和な社会にしようと志した。そして、1896年に近代オリンピック第1回アテネ大会を開催したのだった。

エリアスが指摘した（発見したと言ってもいいだろう）「民主主義社会がスポーツという文化を生む」「民主主義社会しかスポーツという文化を生まない」という法則は、きわめて簡単な原理によって説明できる。

それは、民主主義社会以前の社会、あるいは民主主義以外の社会とはどんな社会か、ということを考えてみればわかる。それは王や独裁者といった支配者が、暴力や戦力といった力によって支配する社会である。新たな支配者が登場する（取って代わる）ときも、それは暴力や戦争といった武力によるものであった。

一方、民主主義社会とはそのような暴力をいっさい否定し、人々が選挙によって社会のリーダーを選ぶものだ。また、選ばれた複数の人々が、議会で話し合いによって社会の進む方向を決める。つまり、民主主義社会（民主制社会）の根本原理は、暴力（武力）の全否定であり、暴力に代わるものとして選挙や話し合いの場（議会）を設けるものであると言えるのだ。

そんな民主主義社会が誕生すれば、それまで相手を屈服させることを目的とした、暴力行為は存在意義を失い、否定され、ゲーム化することになる。ルールを定めた「遊び」となる。殴り合いはボクシングに、掴み合いや投げ合いはレスリングになり、ボール（丸いモノ＝太陽＝支配者の象徴）の奪い合いにも一定のルールが定められ、サッカーやラグビー、ホッケーといったゲームになる。

だから民主制社会でない社会、潜在的に暴力行為に価値を有している社会では、スポーツという文化を取り入れることはできても、生み出すことまではできないのだ。

古代ギリシアのスパルタという都市国家は、いまも「スパルタ教育」という言葉が残っているように、強い兵士を作りあげるための過酷なまでの訓練システムが存在し、男子は子供のときから集団生活で鍛えあげられたという。塩野七生さんが『ギリシア人の物語』（全3巻）のなかで書いているように、肉体的に鍛えられているはずのスパルタ人たちも、オリンポスの祭典では、あまり成績がふるわなかったようだ。スパルタは優秀な重装歩兵を多く生み、最強の陸軍を誇ったが、競技大会での成績はイマイチ。このあたりが、実際の暴力（武力）と、暴力をゲーム化したスポーツ（遊び）の違いとも言えそうだ。

もっとも古代ギリシアで行われた競技は、近代イギリスで整えられた近代スポーツとは異なり、かなり暴力的な要素も残されていたようで、戦車競走では戦車をぶつけ合って死者が出たり、徒競走（スタジオン走）でも、身体をぶつけ合うことが認められていたらしい。とはいえ、暴力によって支配者となることが否定された社会で、ゲーム化されたスポーツと呼べる「力較べ」の競技大会の期間中だけは、最大の暴力行為すなわち戦争までも否定されていた。そんな古代の民主主義社会が否定され、武力（暴力）が蔓延《はびこ》る中世・近世社会が続いたのち、近代になりイギリスに議会制民主主義社会（立憲君主制）が生まれ、近代スポーツも考案されたというわけだ。

柔道は、なぜ明治時代になって生まれたのか？

その過程を知ると、いまや世界中でサッカーに次ぐほど多くの競技人口を誇る柔道が、明治時代の日本社会で生まれた背景も容易に理解できる。すなわち「刀」という武器を腰に帯びた武士が支配する時代（鎌倉時代から江戸時代まで）が終わり、明治天皇が「五箇条の御誓文」によって「万機公論に決すべし」（すべては話し合いで決めること）と宣言された新しい時代を迎え、立憲君主制という民主主義社会に突き進み始めた。そのとき、嘉納治五郎（１８６０〜１９３８）が現れ、柔術という戦場で武器（刀）をなくしたときの「戦闘術」から、１８８２（明治15）年に講道館柔道というスポーツを生み出したのだ。

「柔術から柔道へ」という大転換をやってのけた嘉納治五郎という人物もなかなかの傑物に違いない。その大転換もノルベルト・エリアスの説に従えば、日本が立憲君主制の民主主義社会になったからこそ可能になったこと、と言えそうだ。

「柔術（武術）から柔道（武道）へ」という大きな民主主義社会での変化――。では、武道（柔道、剣道、空手道、相撲道、合気道、弓道……）はスポーツと言えるのでしょうか？

「武道はスポーツではない」と断言する武道家も多いようですが、あなたはどう思いますか？

柔術は本来、戦場で武器（刀）を失ったときに、素手で相手と戦う技、すなわち「殺人技」にほかならない。たとえば柔術の大外刈りは、相手の襟首を掴んで引き付け、足を踏み出してもう一方の足を振りあげ、振りおろした踵《かかと》で相手のふくらはぎのすぐ下にある急所を蹴る。この急所《ツボ》は、指で押さえられるだけで激しい痛みを感じる場所で、そこを思い切り踵で蹴って相手を失神させ、後頭部から地面に叩きつけるのだ。

　そうして相手を気絶させる（殺す）のが柔術の大外刈りだが、明治時代になって柔術から柔道を創作した嘉納治五郎は、「殺人技」から相手を傷つける部分を取り除き、踵でツボを蹴る（攻撃する）ことを禁止。足を使って相手の足を払い、背中から倒すと一本《イッポン》で勝利、という規則《ルール》の試合《ゲーム》に変更した。

　イギリスの民主主義社会（反暴力社会）のなかから生まれたボクシングやレスリング、フットボールと同様、立憲君主制の民主主義社会を目指した明治時代に相手を傷つける技や殺《あや》める要素を禁止・廃止して、技を競うゲームにしたのが柔道だ。だから、それはスポーツの一種にほかならないと言える。剣道、空手道、相撲道、合気道、弓道……など、武術をゲーム化した武道は、すべてスポーツの一種と言えるだろう。

　武道家の中には、武道がスポーツの一種と見なされるのを嫌う人が少なくないようだ。その気持ちは、わからないでもない。

　武道とは、武士道精神にのっとり心身を鍛錬するものであり、単なる「遊び」や「ゲーム」（すなわちスポーツ）と同類にしてほしくないというのが武道家のみなさんの主張だろう。が、明治時代に新渡戸稲造（五千円札の肖像にもなった思想家、教育者）が、西洋人向けに英語で書いた名著『武士道』に、次のような一節がある。

「（武士道の）勇気にはスポーツ的な要素（sportive element）さえある。常人には深刻な事情も、勇者には遊戯に過ぎない。それ故昔の戦においては、相戦う者同士戯言のやりとりをしたり、歌合戦を始めたことも決して稀《まれ》ではない。合戦は蛮力の争いだけではなく、同時に知的の競技であった」（矢内原忠雄・訳／岩波文庫）

武士道（武道）には、合戦（殺し合い）のなかにも遊戯の要素を含む知的の競技（スポーツ）が存在した、というのである。

そこから合戦（殺し合い）という要素を捨て去り、蛮力（暴力）をゲーム化し、知的競技にしたものをスポーツとするなら、いっさいの蛮力を否定したルールを持つ武道全般は、紛れもなくスポーツ競技の一種と断じて間違いないだろう。

そもそもスポーツって、どういう意味？

スポーツ（SPORTS）という言葉は、ラテン語のデポルターレ（DEPORTARE）から生まれた言葉で、「日常的な生活（労働）を離れた非日常の（遊びや祭りの）時空間」のことだった。その言葉が中世フランス語のディスポール（DISPORT）となり、16世紀イギリスでスポート（SPORT）となり、複数形としてのスポーツ（SPORTS）となったのだ。「DIS」という接頭語は、「～から離れる」という意味。「PORT」は「離れる場」で、のちに「港」を表すようになった。つまり、「日常の働く生活から離れること」がスポーツなのだ。

スポーツ本来の意味にのっとって、最近大いに話題になっているのが、e sports（イー・スポーツ）だ。ｅスポーツとはエレクトロニック・スポーツ（electronic sports）の略。「電子機器を使ったスポーツ競技」のことで、早い話が対戦型のコンピューター・ゲームのこと。つまりコントローラーをカチャカチャカチャカチャ動かして、画面のなかの映像で相手と戦ったり、サッカーをしたりするものだ。

それがはたしてスポーツと言えるのか!? と思う人は少なくないだろう。が、スポーツ（SPORTS）の語源、「日常的な生活を離れた非日常の時空間」というもともとの意味から考えれば、ｅスポーツも立派なスポーツということができる。いや、ｅスポーツだけではない。２０２０年の東京オリンピックには、独自に実施するスポーツとして、野球・ソフトボール、空手、サーフィン、スケートボード、スポーツクライミングの５つの競技が選ばれた。ほかにもボウリング、チェス、競技ダンス（ダンススポーツ）、ビリヤード、ダーツ、コントラクトブリッジ（４人でテーブルを囲んで行うトランプ競技）なども、東京オリンピックの正式競技に立候補をしていた。

「え！ トランプ・ゲームやチェスがオリンピック競技になるの？」と驚く人がいるかもしれないが、これらの競技は言葉の原義、もともとの意味に照らし合わせても、「スポーツ」と呼ばれるべきものだ。実際、アジア競技大会ではボウリング、競技ダンス、ビリヤード、コントラクトブリッジ、シャンチー（中国象棋）、囲碁も正式競技として実施されたことがある。

だから、ｅスポーツも、言葉の原義（元の意味）に照らせば、立派なスポーツの一種。そこで……東京五輪の次、パリ五輪からは「ｅスポーツが正式競技（official sports）となる」と断言する人もいたのだが、結局、パリ五輪でｅスポーツを正式競技として採用することは見送られた。

このｅスポーツの問題については、次の章に詳しく書いているので、そちらを読んでもらうことにして（１４０ページ「身体性」を欠いているｅスポーツは、スポーツとは言えない!?）２０２０年の東京五輪で正式競技と認められたスポーツクライミング、スケートボードだけでなく、ビーチスポーツ（ビーチバレー、ビーチサッカー、ビーチレスリングのような砂上で行う競技）や、フライングディスク（フリスビー）……などなど、今日でも新しいスポーツは次々と生まれている。

そんななかで、わたしは暴力を非暴力化するところから生まれた近代スポーツをさらに進化させた、人命救助を想定した技術を競うライフセービングこそ、21世紀の新しいスポーツと言えるのではないか、と考えている。

そしてパラリンピック・スポーツ（パラスポーツ）も……新しい未来のスポーツとして大いに注目すべきだろう。

オリンピックとパラリンピックの理想は？

「オリンピックとパラリンピックを同時に、一緒に開催することはできないものでしょうか？」

東京都のオリンピック・パラリンピック準備局に所属する女性職員の口からそんな言葉が飛び出したのは、２０１３年10月に宮城県石巻市で開催された『２０１３ 武道フェスティバル石巻』の親睦パーティーの席でのことだった。

イベントの約一か月前の9月、アルゼンチンのブエノスアイレスで行われたＩＯＣ（国際オリンピック委員会）総会で、２０２０年のオリンピック夏季大会の東京開催が決定していた。そこでわたしは、東京都職員の言葉を聞いた途端、小躍りしたくなるほど嬉しく思った。

オリンピックとパラリンピックの融合。

それこそ未来のオリンピックを語るうえで、いや、未来のスポーツを語るうえで、理想の姿として絶対に目指さなければならないものだとわたしは考えていたのだ。

オリンピックはいま、肥大化、商業化、ドーピング問題……などなど、様々な難題を抱えている。そして、その根底に横たわっているのは、スポーツの「絶対化」、オリンピックの「絶対化」という考え方と言える。

「オリンピックは参加することに意義がある」という言葉があるが、そうは言いながらも出場選手は誰もが勝利を目指し、国民は国の代表としての選手を応援し、メディアは国別獲得メダル数を比較し、それがあたかも「国力」を示しているかのような幻想を振りまいている。

選手が勝利を目指すのも、最初はスポーツマンとして、またスポーツウーマンとして、純粋に「勝ちたい」という気持ちに駆られてのことと言えるだろう。そのうち、勝利の結果として高い評価と多額の報酬が伴っていることに気づき、それを獲得するために何としてでも勝ちたいと思い、勝つことを熱望する選手も現れる。そして勝利を得ようとしてドーピングに手を出す選手も出てくるようになった（選手も指導するコーチも、勝利という結果に伴う評価と報酬を目指し、選手にドーピングを勧める事態も起こっている）。

そういった「勝利至上主義」（勝利が何よりも素晴らしいという考え方）の根底にあるのが「スポーツの絶対化」の考え方だ。たとえば、オリンピックの陸上競技の１００ｍ走決勝で優勝した「世界王者」は、本当に「世界一速い男」として讃えられるべき存在なのだろうか？

もしもオリンピックとパラリンピックが同時に、同じ場所で、一緒に開催され、１００ｍ走決勝も、順々に行われるようになったら、いったいどうなるだろう？

ウサイン・ボルトのような超人的な走りで１００ｍを駆け抜ける選手たちのレースのあとに、片脚義足の選手の１００ｍ走決勝が行われ、続いて両脚義足の選手、手や腕に障がいのある選手、車椅子の選手、視覚障がい者、聴覚障がい者、知的障がい者……と、１００ｍ走決勝が続けて行われたら、見ている人たちはいったいどんな印象を持つだろう？

タイムだけを較べれば、ボルトのような健常者が「一番」かもしれない。それを見ている観客のなかには、懸命に走る障がい者こそが「一番《ナンバーワン》」だと思う人も少なくないだろう。

わたしがはじめてパラスポーツ（障がい者の陸上競技大会）を取材したとき、片足でけんけん跳びをするアプローチから、高さ1メートル80センチ以上のバーを背面跳びでクリヤーした選手を見て、彼こそ「世界一のジャンパーだ！」と確信したモノだった（その後、片足ジャンプの世界記録が1メートル98センチだと聞いたときには、さらに仰天した）。

オリンピックとパラリンピックの融合は、あらゆるスポーツの「絶対化」を否定し、スポーツを「相対化」する。

いまオリンピックでのスポーツ競技に、マスメディアは大騒ぎし、勝利を賞賛し、われわれスポーツ・ファンも「凄い！」と思う（ことが多い）。しかし、それと同じように「凄い！」と思えるようなスポーツや、それよりももっと「凄い」と思えるスポーツも存在しているのだ。そのことを、パラリンピックは教えてくれるのだ。

もちろん見る人によって印象は異なるかもしれない。それが当然だろう。スポーツを「絶対化」することなく、「相対化」して見ることによって、さらに大きなスポーツの価値、さらに多様なスポーツの素晴らしさを発見することができるはずだ。

２０２０年の東京大会では、残念ながらまだオリンピックとパラリンピックの融合は実現しなかった。だが近い将来には、融合し、統一された「スポーツ文化」として是非とも実現してほしいものだ。

そして本章の最後に、ひとつのエピソードを紹介しよう。

あるとき後輩のスポーツライターから、次のような質問を受けた。

「いままでに見たスポーツのなかで、一番素晴らしかったのは、どんな瞬間でしたか？」

そこで「キミは？」と訊き返すと、彼は、「オリンピック・シドニー大会男子柔道決勝で見た、井上康生選手が鮮やかな内股の一本を決めた瞬間」という答えを返してきた。

わたしの答えは全然違った。

「うちのガキが幼稚園に通っていたときの運動会のリレーだよ。あれほど素晴らしいスポーツの瞬間はなかった。いまでも、本当にそう思っている。歯を食いしばって必死に走る子、笑顔で手を振り余所見《よそみ》しながら走る子、本気で反対方向に駆け出す子、バトンを落として泣きじゃくりながら走る子、そして、子供たちに向かって大声を張りあげ、一生懸命応援する母親や父親。お爺さん、お婆さん。勝っても負けても、みんな笑顔で大笑い。あんな素晴らしいスポーツ大会は、ほかにないだろうね。わたしには3人の子供がいるから、合計で8年間も、その素晴らしいスポーツ大会を見ることができたよ……」

こう言うと、彼は「ズルいなあ」と言って、一緒にハハハハハ……と大笑いしたのだった。

春陽堂書店ウェブ連載『スポーツって、なんだ？』（2018〜2019）を元に加筆修正

Column 1

スポーツはアート（芸術）と合体する

スポーツと文学

古典に描かれた競技は日本人の個人技好みを映している？

欧米から我が国へ「スポーツ」が伝播《でんぱ》したのは文明開化の明治10（1877）年前後だったが、それ以前の日本にも「身体文化」は存在した。

『日本書紀』の垂仁《すいにん》記には当麻《たぎまの》蹶速《けはや》と野見《のみの》宿禰《すくね》の格闘が記され、それは相撲や柔道の原型とされている。

皇極《こうぎょく》記には、中大兄皇子と中臣鎌子が「打毬《ちょうきゅう》」に興じるなかで結ばれ、やがて蘇我入鹿を討つことになる描写がある。打毬は、後の蹴鞠《けまり》とは別の球戯。「今日のポロまたはホッケー風の競技」（小学館版『日本書紀』註釈《ちゅうしゃく》）とされ、高松塚古墳の壁画に描かれた男女の持つ細長い棒も（ホッケーのような）打毬のスティックと考えられている。

スポーツと文学

日本の「国」の歴史を漢・隋・唐や聖徳太子から書き起こし、平氏滅亡までを描いた橋本治の大河小説『双調平家物語』には、この打毬の様子が想像力豊かに描かれている。

本家の『平家物語』では、南都の僧が打毬から発展した「毬打《ぎっちょう》」の毬を平相国《へいしょうこく》（平清盛）の頭と名づけて「打て」「踏め」と弄《もてあそ》び、それに激怒した清盛が東大寺や興福寺の焼き討ちを命じたという。

この毬打というチームプレイ的な競技に対して、平安貴族の間で流行したのが個人プレイ中心の蹴鞠《けまり》だった。『源氏物語』の「若菜」のくだりにも出てくる。

澁澤龍彦『唐草物語』のなかの一編「空飛ぶ大納言」には、「ひとたび蹴りはじめると、妖魔にでも取り憑《つ》かれたかのごとく病みつきになって」しまう蹴鞠の魔力が、御堂関白道長から数えて五代目の後裔《こうえい》・大納言成通《なりみち》卿の妙技を通して描かれている。

大きな食卓の上に沓《くつ》をはいたままのぼり、足をあげて何度も鞠を蹴っても、沓にあたる鞠の音しか聞こえず、食卓にぶつかる沓の音は少しも聞こえなかった。並んで座らせた侍の肩の上を、沓をはいて鞠を蹴りながら順々に渡り、法師のところは肩ではなく頭を踏んで通ったが、法師は「頭に笠をかぶった時と、まあ似たような感じ」だったと答えたという。

そんな蹴鞠の名人が一千日間、一日も欠かさず鞠を蹴ってやろうと願を立て、満願となった日に、夢のなかで三人の童子と出逢《であ》う。彼らは鞠の精で、「飛翔《ひしょう》願望」のシンボルである鞠とともに空を飛びたいと切望する成通に向かって、実際に軽々と空を飛んでいた子供のころの成通の姿を見せてやる……。

この幻想譚《たん》は現代日本のサッカー事情にもつながるようだ。世界の一流国に伍《ご》する闘いをなかなかできない日本サッカーだが、フリースタイル・フットボール（一人で行うリフティング競技）では、成通卿の末裔《まつえい》とも言うべき日本の若者が、２０１２年見事に世界一となったのだ。

明治初期、陸上、水泳、テニス、野球、サッカー、ラグビー、ゴルフ……などなど、あらゆるスポーツが伝来したなかで、瞬く間に抜群の人気を得たのは野球だった（その様子は夏目漱石『吾輩は猫である』にも活写されている）。

種子島に鉄砲が伝来して以来、わずか約半世紀後に戦国時代を終えた日本では、「やあやあ我こそは……」と名乗りをあげて闘うイメージがいつまでも強く残り、投打の対決という個人プレイ中心の野球が最も理解しやすかったのだろう。

Ｊリーグ発足以来サッカー人気が急上昇したとはいえ、チームプレイの毬打が消え、個人プレイの蹴鞠を伝統文化として残した日本人は、今も個人プレイに魅力を感じ、力を発揮するのかもしれない。

日本経済新聞夕刊「スポーツと文学１」（２０１４年10月２日）を元に加筆修正

近代民主主義と武道　国際化と反時代　二つの道

近代スポーツは産業革命の所産、との説がある。産業革命の結果、多くの人々が一定の賃金と余暇を獲得。そこからスポーツをやったり見たりする文化が生じ、１８５７年世界最初のサッカー・クラブがイギリスに誕生した、というのだ。

しかしそれだけでは、古代ギリシャでスポーツと呼びうる身体競技文化が発展し、オリンポスの祭典が千年以上続いた理由がわからない。オリーブ油やワイン、それに壺の製造などで、豊かな社会を築いたという説もあるが、逆に、古代ペルシア、中世イスラム、中華帝国など、古代ギリシャや近代イギリス以上に豊かな財と文化を築いた地域で、今日スポーツと呼びうる大衆的で娯楽的な文化が生まれなかった理由も説明できない。

そこで社会学者のノルベルト・エリアスは「スポーツは民主主義の所産」という説を展開した（多木浩二『スポーツを考える——身体・資本・ナショナリズム』）。

暴力（戦争）で社会の支配者が決まる時代に代わって、話し合いや選挙で社会のリーダーを決める非暴力的な民主主義社会になると、多くの暴力的行為もゲーム化され、レスリング、ボクシング、フットボールなどのスポーツが生まれたというのだ。これなら先の疑問も氷解する。

嘉納治五郎が武士の殺人技の一種である柔術をゲーム化し、ルールを整え、柔道を創出したのも、「万機公論に決すべし」と、立憲君主制下で議会制民主主義社会に向かう体制が整ったから、と言える。そして柔道は世界に広がり、オリンピックの正式種目となった。が、我が国では柔道などの武道をスポーツと呼ぶことに違和感を覚える人が少なくない。

三島由紀夫は『実感的スポーツ論』で、ボディビル、ボクシング、剣道と出会った体験をもとに、「選ばれた人たちだけが美技を見せるだけではなく、どんな初心者の拙技にも等分の機会が与へられる（略）スポーツ共和国」という、Ｊリーグの理念を先取りしたような提案を１９６４年東京五輪の最中に発表している。しかし一方で、剣道だけは「柔道みたいに愛想のよい国際的スポーツにならず（略）反時代性を失はないこと」を望んだ。

そんな理想の武道の実践者として三島は、大学剣道部の主将を主人公にした小説『剣』を著した。が、剣の求道者は同僚の学生と衝突し、自らのストイシズムから自死する。武士道の精神性を受け継ぐ剣道が時代に受け入れられないことを、大作家は熟知していたようだ。

中島敦は第二次大戦中に発表した小説『名人伝』のなかで、中国の戦国時代に弓術の奥義を究めようとした男を主人公にして「反時代性」を夢幻的に描いた。

まず師から瞬《まばた》きしないことを命じられた男は、鍛錬で睫《まつげ》と睫の間に小さな蜘蛛《くも》が巣をかけるまでに至る。的を大きく見る訓練では虱《しらみ》が馬ほどに見える域に達する。さらに様々な修練の結果、的の真ん中に当てた矢の後尾（括《やはず》）に次の矢の先端（鏃《やじり》）を次々と当てる妙技を、百本の矢の速射で実践できるようになる。

そして師と対決し、矢が「中道にして相当《あた》り、共に地に堕《お》ちる」技を発揮する。しかし、対決を望む弟子に未熟さを感じた師は、さらなる老師を紹介し、男はついに弓を捨て、弓術など忘れてしまう「不射之射」の境地を会得するに至る——。

大正時代に来日した哲学教授のドイツ人オイゲン・ヘリゲルは、弓術を学んだ体験記として『日本の弓術』を著し、「神秘的合一」「仏陀《ぶっだ》の発現」「不発の射」「無術の術」に至ることを理想とする「スポーツではない弓術」について詳述した。

フランスの哲学者ロラン・バルトは「レッスルする世界」で、スポーツではなく見世物《みせもの》としてのプロレスの神話性を讃《たた》え、アメリカの作家ノーマン・メイラーは『一分間に一万語』で、ソニー・

スポーツと文学

リストン対フロイド・パターソンのボクシング世界ヘビー級タイトル戦のなかに実存する野性の人間を描き、近代（スポーツ）的理性を超克するひとつの西洋的方法を提示した。

しかし剣道や弓道は、そんな西洋からも超然と自立しているようだ。一方、柔道は西洋に呑み込まれた。武道が二つの系譜に引き裂かれたことを、われわれは日本社会（スポーツ文化）の多様性として肯定的に受け入れるべきなのだろう。

日本経済新聞夕刊「スポーツと文学２」（２０１４年10月９日）を元に加筆修正

20世紀に覆る「精神優位」　肉体が思想を宿し物語り始める

身体よりも霊魂の存在を尊ぶキリスト教や、「我思う、故に我あり」「人間は考える葦《あし》」といった17世紀フランスの哲学者（デカルト、パスカル）の思想を経て、西洋近代の心身二元論と精神至上主義は確立された。そこへ19世紀末のドイツの哲学者ニーチェが現れ、「肉体は一つの大きな理性である」と、身体が単なる情動的存在でなく、精神的思考に直結する存在だと主張した。

20世紀ポスト近代《モダン》の思想家メルロ・ポンティは「私とは私の身体のことである」とデカルトやパスカルの思想を覆し、ダンサーで振付家のモーリス・ベジャールも次の言葉を残した。

「肉体！　それは二十世紀の最も重要な発見！　二十世紀は肉体を自ら示すことを決意した世紀である」（『モーリス・ベジャール自伝』）

このような身体観が今日のスポーツの隆盛を支え、文学では強い肉体を通して強い精神を描くハードボイルド小説が現れた。

ヘミングウェイの名作『老人と海』は、一人の老漁師がカリブ海で小船に乗り、カジキマグロと格闘する様を描く。綱の先の餌に食らいついた巨大なカジキは、大暴れして老人を引き倒し、老人は目の下を切り、血を流す。背中に回した綱は血が滲《にじ》むまで筋肉に食い込み、両手は痺《しび》れる。しかし老人は負けない。「ヤツがどんなに立派で素晴らしくても殺す。人間がどんなことをやれるかを、やつにわからせるんだ」

老人は相棒の少年の不在を何度も嘆きながらも、大リーグの名選手の活躍を思い出して心を奮い立たせ、身体の疲れと痛みに耐え、カジキを銛《もり》で刺し、船に結い付け、二昼夜も続いた死闘に勝つ。しかし鮫《さめ》の群れに襲われ、再び闘うものの、せっかくの獲物を頭と骨を残して食われてしまう。疲れ切って帰港した老人は呟《つぶや》く。「負けてしまえば気楽なもの。こんなに気楽だとは思わなかった。さて何に負けたのか？」そして老人は、ライオン（強さの象徴？）の夢を見る。

スポーツを「身体を用いた挑戦」と捉えるなら、この小説はスポーツの栄光と挫折のすべてを見事に描き尽くした作品と言える。

かつては東洋でも、釈迦や孔子が肉体よりも精神の優位を説いた。が、三島由紀夫は小説『鏡子の家』でボディビルに挑む青年に「詩人の顔と闘牛士の肉体とをもちたい」と語らせた。おそらく三島自身の願望でもあるこの言葉は、精神（詩人）と同時に肉体（闘牛士）も、ひとつの思想（美意識）だと主張している。

スポーツと文学

村上龍は『コインロッカー・ベイビーズ』で棒高跳び選手、『走れ！　タカハシ』で野球選手、『テニスボーイの憂鬱』でテニスを趣味にするバブル成金《なりきん》など、小説に多くのスポーツ選手を登場させ、スポーツを通して現代人の姿を描いた。そして『ニューヨーク・シティ・マラソン』では、男娼《だんしょう》の殺人事件が起こるような街に暮らす若い売春婦に、フルマラソンを走らせた。

マラソンで自分に勝ったら2千ドルやる、と客に言われ、娼婦《しょうふ》はロサンゼルスへの移住を夢見て練習に励み、レースに挑戦する。最初は否定的だった友人の娼婦や同棲《どうせい》相手の男娼も、声援を送る。結果、夢は叶《かな》わなかったが、汚れた町に、スポーツの清々《すがすが》しさが漂う。これは老人の逞《たくま》しい肉体や闘牛士の美しい肉体以上に物悲しくも優しい現代のスポーツ・ウーマンの物語と言えよう。

村上龍はテニス愛好家。そして村上春樹はフルマラソンを走り、そんな健康的な生活では小説が書けなくならないか？　と言われるという。が、春樹は、小説を書くのは不健康極まりない作業だと認めたうえで、そのような危険な毒素に対抗できる「自前の免疫システムを作り上げなくてはならない」と書く（『走ることについて語るときに僕の語ること』）。

ソクラテスが弟子のカルミデスに向かって言った次の言葉が思い出される。「我々の魂に属するものも肉体に属するものも、素早く動くもののほうが遅鈍で物静かなものより美しく見える。従って思慮の徳とは物静かさではなく、思慮ある生活が物静かでもないはずである」

現代作家はスポーツとともに、思索の方法もギリシャの古典に還《かえ》ったようだ。

日本経済新聞夕刊「スポーツと文学３」（２０１４年10月16日）を元に加筆修正

運動会躍動のパワー　自由民権運動の壮士たちも近代女性も熱中

昭和19（1944）年5月。第二次世界大戦の最中《さなか》に、太宰治は生まれ故郷に旅して名作『津軽』を書く。その最後に彼は育ての親を捜す途中、国民学校の校庭で「運動会」に遭遇し「呆然《ぼうぜん》」とする。万国旗。着飾った娘たち。白昼の酔っぱらい。子供と女は、ごはんを食べながら、「大陽気」で語り笑っている。

「日本は、ありがたい国だと、つくづく思った。（略）国運を賭しての大戦争のさいちゅうでも、本州の北端の寒村で、このように明るい不思議な大宴会が催されて居る」

運動会——この素晴らしい日本独自のイベントは、明治16（1883）年に英国人英語教師F・W・ストレンジが「大学（東京帝国大学）当局に働きかけ、企画・準備し、実際の競技運営まで携わ」り、始まった（高橋孝蔵『倫敦《ロンドン》から来た近代スポーツの伝道師　お雇い外国人F・W・ストレンジの活躍』）。

その様子は夏目漱石の小説『三四郎』にも詳述され、「二百メートル競走」「砲丸抛《なげ》」「槌抛《つちなげ》（ハンマー投げ）」「長飛《ながとび》（走り幅跳び）」「高飛《たかとび》（走り高跳び）」など、それはオリンピックの陸上競技に近いものだったようだ。それを見ても何も面白く感じられない三四郎は「あんなものを熱心に見物する女は悉《ことごと》く間違ってゐる」と嘆き、漱石は、運動会を楽しむ近代女性の美禰子と、最新文明（スポーツ）を理解できず反応できないでいる田舎者の三四郎を対比させた。

また三四郎は「運動会は各自勝手に開くべきものである。人に見せべきものではない」とも呟《つぶや》く。

スポーツと文学

漱石は、そこに国策（富国強兵）の匂いを嗅ぎ取ったのか。

実際このような運動会を見た当時の文部大臣・森有礼は、児童生徒の体位向上と集団訓練を目的に、全国の小中学校や師範学校に運動会を開催するよう文部省令を発した。当時の学校は就学率も低く、農繁期には学校を休む児童や生徒も多く、校庭も整っていなかったため、とても小中学校一校では運動会を開催できず、複数の学校が「連合」して、寺や神社の境内で開催することになった。

その結果、「連合運動会」には遠足の要素が加わり、弁当を用意するようになり、さらに檀家や氏子の参加を促すところから「パン食い競走」「豚追い競走」「大玉転がし」「杓文字《しゃもじ》競走」などの娯楽競技が全国同時多発的に誕生。盆踊りや秋祭りなどの同時開催も始まった。

さらに集会を禁じられた自由民権運動の壮士たちが運動会を隠れ蓑《みの》に「集会」を開催。「自由の旗奪い合い」「圧政棒倒し」「政権争奪騎馬戦」といった独自の競技を創案し、競技の合間に「薩長藩閥政治打倒」とデモも行い、それが今日の仮装行列に発展した。

太宰が描いた今日までつながる運動会は、この「連合運動会」や「壮士運動会」が合体したもので、そこには「遊びをせんとや生まれけむ」（『梁塵秘抄』）と平安時代末期の庶民が歌って以来の日本人の国の政策を上回るパワーが感じられる。

一方『三四郎』に描かれた運動会は国際競技大会に発展して日本人の心を捕らえた。

昭和5（1930）年に発表された阿部知二の小説『日独対抗競技』では、厳格な学者を夫に持つ夫人が、夫の甥《おい》から不倫の求愛を受け、共に神宮競技場へ標題の陸上競技を見に行く。二日目に一人で足を運んだ彼女は、「男性の肉体が何のために存在し、何を意味しているかを感じた」

周囲の群衆は愛国的な歓声をあげ、不倫に誘う男もソ連のマルキシズムとスパルタキアーダ（共産圏で開かれていた体育大会）を語ったりする。さらに「あのようなものを観《み》るのは、恥だ。国家としての恥だ」という夫の声も幻聴として（?）夫人の耳に響く。が、夫人の意識は、ドイツ人選手の「白く広い胸」や「舞踏より美しい肉体の回転」に奪われ、夫の「葉巻の匂いの滲《し》み込んだ針金のような肉体」や、不倫に誘う男の痩せた肉体や「蒼《あお》い心理」を憎む。

三四郎に「あんなものを熱心に見物する女は……」と語らせた漱石も、スポーツの有する危険な誘惑の魅力に気づいていたのかもしれない。

日本経済新聞夕刊「スポーツと文学4」（2014年10月23日）を元に加筆修正

「人間ドラマ」と「競技そのもの」を描いた名作

野球好きだった正岡子規は野球に関する俳句や短歌を数多く残した。

《恋知らぬ猫のふり也球遊び》

《今やかの三つのベースに人満ちてそぞろに胸のうちさわぐかな》

《打ち揚ぐるボールは高く雲に入りて又落ち来る人の手の中に》

それから約一世紀後、俵万智は次の一首を詠んだ。

《日本を離れて七日セ・リーグの首位争いがひょいと気になる》

スポーツと文学

前者がボールゲームの具体的愉《たの》しさを活写したのに対し、後者から目に浮かぶのは新聞の順位表でしかない。情報化社会ではスポーツの姿（実体）が消えるのか？

自らボートの選手として１９３２年のロス五輪に出場した田中英光は、その経験をもとに、陸上女子選手との恋愛小説『オリンポスの果実』を手記の形で書いた。が、そこにもスポーツの詳しい描写はほとんどない。「ボオトを漕《こ》ぐ苦しさについて、ぼくは、敢《あえ》て書こうとは思いません。漕いだものには書かなくても判《わか》り、漕がないものには書いても判らぬだろう」……日本のスポーツ小説やスポーツ・ノンフィクションの多くは、スポーツそのものの愉しさや素晴らしさを描く以上に、「人間ドラマ」「人生ドラマ」に注目する。

アメリカの野球小説には、野球そのものの面白さを描いた作品が多い。

ジェームズ・サーバー『消えたピンチ・ヒッター』には、メジャーに1試合だけ実在した身長1メートル以下の打者が登場。監督は満塁のチャンスで四球押し出しの決勝点を狙う。が、投手の投げたスローボールを、この打者がちょこんと打って抱腹絶倒の大騒動となる。ウィルバー・L・シュラムの『馬が野球をやらない理由』では走攻守ともに抜群で、ドジャースで大活躍する「馬」が登場。ところがある日、地方球場の横に競馬場があるのを発見した「馬」は、自分が野球をやっていていいのか……と、大いに悩み始める。ロバート・クーヴァー『ユニヴァーサル野球協会』は自ら作った野球ゲームに熱中するあまり、現実と虚構の区別がつかなくなる男を描き、G・プリンプトン『遠くからきた大リーガー』では、ヒマラヤでの修行で時速２７０キロの剛速球を身に付けた投手が、メジャーで大活躍しながら急に消え去る「客人《まれびと》譚」が神話のように描かれる。

いや、日本にもそんなメジャー級の作品はある。

五味康祐『一刀斎は背番号6』は、奈良の山奥から出てきた一刀流十七代の末裔《まつえい》がジャイアンツで大活躍。実在の女優まで数多く登場させて「色道修行」にも挑もうとする破天荒な物語。野球ではないが、池波正太郎『緑のオリンピア』は、試合に悩む三段跳び選手の前に妖精が現れ、スポーツの素晴らしさを教える。虫明亜呂無は『風よりつらき』で、不運にも全盛期に戦死した大投手・沢村栄治の物語を、妻（女）の目を通して鮮やかに描いた。

さらに井上ひさしの野球小説（『下駄《げた》の上の卵』『ナイン』など）、倉橋由美子の陸上競技小説（『一〇〇メートル』）、岡本かの子の水泳小説（『渾沌《こんとん》未分』）、安部公房のボクシング小説（『時の崖』）、新田次郎の山岳小説（『槍《やり》ヶ《が》岳《たけ》開山』）……など、日本にも数多くの見事な「スポーツ小説」が存在する。が、昨今はスポーツがテーマとなると何故かフィクションよりもノンフィクションが注目されるようになった。

市川崑は半世紀前に映画『東京オリンピック』を撮るにあたって谷川俊太郎らとシナリオを作り、その冒頭で、こんなことを書いた。「人々は『事実は小説より奇なり』という言葉を無邪気に受けいれている。現在のわれわれに欠けているものはつくりものを尊ぶ気風だ」

このシナリオがもっと世間に知られていたならスポーツを描いた作品に対する「記録か芸術か」などという愚かな論争も起こらなかっただろう。この市川らの警句は今も生きている。

日本経済新聞夕刊「スポーツと文学5」（2014年10月30日）を元に加筆修正

Column 2

スポーツはアート（芸術）と合体する

スポーツと読書術

ドナルド・キーンとイチロー「伝統の魅力」思い出す

イチローが日米通算４２５７安打を記録してピート・ローズのメジャー通算安打記録を上回った頃、わたしは彼のアメリカでの活躍を聞くたびにドナルド・キーン『日本文学の歴史』（全18巻、中央公論社）を思い出した。

もともとアメリカ野球は野手の間を抜く狙い打ちのヒット（プレイスメント・ヒット）こそ最高の技術で、野手が手を伸ばしても捕れないようなホームランを打つのは「卑怯《ひきょう》」とされた。が、１９１９年にベーブ・ルースがホームラン打者として登場して以来、ファンは豪快な打球に大喜び。メジャーはホームラン全盛時代が長く続いた。そこにイチローが現れ、84年ぶりにシーズン最多安打記録を更新し、アメリカ人に古いベースボールの伝統的魅力を思い出させたのだった。

わたしが1994年にキーン氏の大部を読んだときのショックも同じだった。まず、この文学史が古事記から説き起こされていることに驚いた。それは文学書ではなく歴史書の書くことではないか。万葉・源氏・枕草子・徒然草などは古文であり、近松・芭蕉なども日本文学と呼ぶには違和感があった。アメリカ出身の日本文学者は古事記以来の日本文学史を語り、漱石、鷗外、谷崎、三島、小林秀雄まで一気に駆け抜ける。そして日本文学の素晴らしさを教えてくれたのだった。

「日本の国文学者は日本の聴衆に『源氏物語』の良さを説得する必要はないだろうが、私は白紙状態の聴衆を前にして最も基本的な事実——日本文学のすばらしい伝統——から始めなければならなかった」と著者は書く。が、現代の日本人の聴衆にとっても、白紙状態からの解説のほうが、よほど有り難いはずだ。

おかげで池澤夏樹＝個人編集『日本文学全集』（全30巻、河出書房新社）が『古事記』（池澤夏樹訳）に始まり『口訳万葉集』（折口信夫）、『更級日記』（江國香織訳）、『好色一代男』（島田雅彦訳）などから、大江健三郎、中上健次までを網羅しても、わたしは驚かなくなった。

それどころか以前は古典に分類されていた作品が、現代作家の現代語訳で読めるので大喜び。なかでも町田康訳『宇治拾遺物語』にはゲラゲラ大笑い。『こぶとり爺《じい》さん』『舌切り雀《すずめ》』などの物語を含む鎌倉時代の説話文学を、町田は次のような現代語に訳したのだ。

「マジで夢？　そう思ったお爺さんは右の頬《ほお》に手を当てた。（略）拭い去ったようにツルツルであった」。そして会話では「ぜんぜん、駄目じゃん」「見てらんない」「小便臭い」「バカじゃん」「やばい、やばい」「マジマジマジ」などと、現代若者言葉を連射。

呵々《かか》大笑するうちに原文を読んでみたくなったのは訳者の仕掛けにハマッタからか？　いや、これはイチローの（古典的？）ランニング・ホーマーを見たときの爽快感と同じですね。日本文学ってスゴイ！

日本経済新聞「半歩遅れの読書術」（2016年7月3日）を元に加筆修正

モハメド・アリと南部麒六《きろく》　悲歌《エレジー》の似合う雄々しい人生

不世出のボクサー、モハメド・アリ。彼の闘いは、決してリングの上だけではなかった。黒人差別に抗議し、彼がローマ五輪の金メダルを故郷の川に投げ捨てたころ、紳士的な黒人王者フロイド・パターソンが逮捕歴19回の黒人挑戦者ソニー・リストンを相手に「善」対「悪」の闘いを繰り広げていた。

リストンの筋肉は「仕事ばかりでなく、快楽によってつくりあげられているように見えた。かれは明らかになにか非常に愉快な経験をしてきた男らしかった」「一方、パターソンの筋肉にはまだ貧しさがあった。（略）献身的に打ちこんだ肉体であって、レジャーのおもかげはすこしもなく、はるかに多くジムを連想させた」（ノーマン・メイラー『一分間に一万語』山西英一訳、河出書房新社）。

しかし、試合は1ラウンドKOで圧倒的な「悪」の勝利。

メイラーは「第一回戦は、悪についていちばんよく知っている人間が勝利した」と、実存主義的不条理を感じつつ、次は「善についてだれがより多く研究したかを明らかに」する王者の出現を期待した。

そこへ「蝶《ちょう》のように舞い、蜂のように刺す」若者カシアス・クレイが現れたのだ。彼は「殺し屋リストン」を7ラウンドKO。世界中が「善」の勝利を喜んだ。が、それも束《つか》の間、クレイはモハメド・アリと改名し、当時「急進的」とも「狂信的」とも言われて恐れられていた、黒人《ブラック》モスレム教団に入信。反ベトナム戦争を唱えて徴兵を拒否。アメリカ政府と闘う道を選んだ。

そして王座もライセンスも剥奪されて収監され、4年近くのブランクの後、リングに復帰。何人もの黒人選手が差別に反対し、表彰台で黒い手袋の拳《こぶし》を星条旗に向かって突きあげたメキシコ五輪で、金メダルを獲得したあと星条旗を打ち振った「体制側」最強の王者ジョージ・フォアマンを黒人の故郷アフリカでKOし、見事王者に返り咲いたのだった。

アリは最後にはアトランタ五輪の聖火最終点火者にも選ばれ、「体制側」にも認められる存在となった。

しかし……私は、鈴木隆の名作『けんかえれじい』（岩波現代文庫）の主人公の南部麒六《きろく》を思い出す。常に若者らしい言い様のない焦燥感——彼の言葉で言えば「満身創痍《そうい》感」——を抱く蛮《バン》カラ青年の麒六は、喧嘩《けんか》に明け暮れ岡山旧制中学を放校処分。会津の学校へ転校しても喧嘩に熱中。やがて最大の「米英との喧嘩」に挑むべく帝国陸軍に入隊。中国戦線に赴くが、そこで経験したのは不条理な軍隊規則や上官の命令。そして飢《う》えと病気。自身も病に倒れた麒六は、信頼する上官の言葉を聞いたのを最後に部隊から静かに消え去る。「俺もお前も、所詮はまあ模糊《もこ》とした悲歌《えれじい》街道を往《い》く者よ」痛快な青春小説が、最後は痛烈な反戦小説に。晩年はパーキンソン病に苦しんだアリの雄々しい人生も、悲歌《えれじい》と呼ぶべきものに違いない。

日本経済新聞「半歩遅れの読書術」（２０１６年7月10日）を元に加筆修正

サッカーとシェイクスピア　筋書《すじがき》超える面白さは共通

２０１６年はシェイクスピアの没後４００年。彼の生没年はヒトゴロシ（１５６４）イロイロ（１６１６）だと井上ひさしさんに教わりました（笑）。その記念の年、サッカー欧州選手権を見て、スポーツはシェイクスピアと競うほどの素晴らしいドラマだと確信した。

優勝したポルトガルをはじめ、どのチームも綿密に考え抜かれた戦略（筋書）と臨機応変に変化する戦術（演出）、そして最高度の技術（演技）を共有。イレヴンは一瞬にして同じ狙いの動きを演じる。その相手チームも、そのドラマ（戦略・戦術・技術）を瞬時に見抜き、ボールを奪い、逆襲に転じる。その素早く美しい攻防に何度も目を瞠《みは》った。

スポーツは筋書のないドラマ、という表現は明らかに間違いだ。完璧な戦略（筋書）を持たないチームが、戦術（演出）と技術（演技）だけで勝てるわけがない。

逆にシェイクスピアの完璧な筋書は演出や演技、さらに翻案で永遠に甦《よみがえ》り続ける。『ロミオとジユリエット』は『ウェスト・サイド・ストーリー』、『キス・ミー・ケイト』という素晴らしいミュージカルに生まれ変わった。

「じゃじゃ馬」のような女を「馴《な》らし」て最後には夫に従う大人《おとな》しい妻にする。そんな古臭い筋書も、最後の台詞《せりふ》「もし主人が望むなら、あたしは踏みつけられてもかまわない」（『じゃじゃ馬ならし・空騒ぎ』福田恆存訳、新潮文庫）を、陰で舌を出す演出にすれば、現代女性の皮肉に変わる。

さらにバーナード・ショーは、シェイクスピアの古い女性観に異を唱え、ミュージカル『マイ・フェア・レディ』の原作となった戯曲『ピグマリオン』（小田島恒志訳、光文社古典新訳文庫）を書いた。ヒギンズ教授が下町娘イライザの下品な訛《なまり》を直し、立派《フェア》な淑女《レディ》に仕立てあげる物語。しかし、最後の場面で問題が噴出。買い物を命じるヒギンズにイライザは「ただ一言『自分で買えば？』と言って出ていくことになっていた」（小田島氏の解説）が、ヒギンズがイライザに戻っておくれとすがりついたり、出ていけ！　と怒って花束を投げつけたり……と、演出は様々に変化。

そこでバーナード・ショーは『後日譚《たん》』を書く。イライザは「一生ヒギンズのスリッパを取ってくる人生と、（彼女に惚《ほ》れた若い）フレディが彼女のスリッパを取ってくる人生の、どちらを選ぶだろうか？」そして「彼女はフレディを選ぶだろう」と断言。ならば映画『マイ・フェア・レディ』のラストシーン（イライザはおとなしくヒギンズの元へ戻る）も、ショーの考えとは違っているのだ！

作者の筋書どおりにコトは運ばない。だからドラマは面白い！　その自由さからヴェルディの傑作オペラ『オテッロ』（オセロー）や『ファルスタッフ』（ウィンザーの陽気な女房たち）、黒澤明の映画『蜘《く》蛛《もの》巣《す》城《じょう》』（マクベス）や『乱』（リア王）もシェイクスピアから生まれた。

欧州選手権で見事な筋書(戦略)を描いていたと思えるドイツは敗退。スポーツもドラマも筋書(原作者の意図)を超えるから面白い!

日本経済新聞「半歩遅れの読書術」(2016年7月17日)を元に加筆修正

五輪で何を撮るか　ドイツの女性監督と市川崑

某雑誌の企画でベルリン五輪の映画『オリンピア』(邦題『民族の祭典』『美の祭典』)の監督レニ・リーフェンシュタールさんと『東京オリンピック』の監督市川崑両氏の対談の司会を務めたことがあった。レニは当時89歳。しかし、地中海の海中撮影に挑むほど元気で、かつて女優でダンサーだったときの美貌も衰えず、撮影秘話を次々と披露してくれた。

棒高跳びで2位と3位に入った日本の西田・大江の両選手が、試合後の撮影を忘れてパーティーに行ってしまい、撮影を翌日夜に延期した……とか、マラソンに優勝した孫基禎選手は練習中の映像もレースに挿入した……など、「ヤラセ」と言われかねない手法も「正当な映画創りの方法」と彼女は胸を張って語った。その出来栄えを作家の虫明亜呂無は、アフリカ原住民を撮った彼女の写真集『NUBA』(パルコ出版)で次のように書いた。

「彼女はこの映画の中に、彼女の考えているスポーツの美しさと、人間の意志と筋肉の動きを(略)申し分なく描写しつくした」「僕はそれまでにも人間が走るという行為を幾度も見てきたが、人間が走ることがこのように美しいものだということは知らなかった」

一方、市川は「後撮り」をあまりやらなかった。雪を頂く富士山が背景の聖火リレーは大会終了後に撮影したが、競技では女子体操優勝のチャスラフスカに再演を頼んだだけだった。その考えはレニと同じで「映されているのはスポーツそのもの」（『完本 市川崑の映画たち』洋泉社）と語る。ただし彼はレニの映画にはなかった要素を付け加えた。それは昭和39（１９６４）年の東京の姿。

映画を見た橋本治は、その感想をこう語った。

「冒頭に銀座通りが出るでしょ？（略）あんなに汚い東京、見たことがなかった。（略）銀座通りは映画に何度も出てるはずなのに、あんなに汚く撮られたことは一度もないのよね。わざわざ一番汚い銀座通りをタイトルバックに持ってきたのに、本当に驚いたの。『やっぱり市川崑だ！』と思った」（和田誠・森遊机『光と嘘、真実と影 市川崑監督作品を語る』河出書房新社）

橋本は同書でこの映画を「失われた文明の記録」と見事に看破した。「東京オリンピックは〝復興した戦前〟をブチ壊した。新たなる近代化の達成の為に。外国からお客様をお迎えして、立派におもてなしして、世界の一等国に仲間入りをする為、日本人は自分達の首都をブチ壊して行った。古く乱雑な町並を、新しい都市に生まれ変わらせる試みは、実のところ今もまだ続いている。続けて、収拾がつかなくなっている。（略）日本人は東京に〝世界の中心〟でも呼びたいんだろう」（『さまざまなエンディング』主婦の友社）

橋本治の文章は今も光を放つ。われわれは二度目の東京五輪で何をする気なのか？

日本経済新聞「半歩遅れの読書術」（２０１６年7月24日）を元に加筆修正

五輪とは何か　文明化を表象する平和運動

市川崑が駒沢競技場で映画『東京オリンピック』の撮影中、大きな日の丸と五輪の印刷された入場券を握り締めた和服姿のお婆《ばあ》さんたちが約10人、歩み寄って来て、こう言った。

「ちょっとお尋ねしますが、オリンピックは何処《どこ》でやっているのでしょう?」

日本中がオリンピックで大騒ぎ。そこでお婆さんたちも訪れてみたが、男達《たち》がボールを蹴っているだけ。

その瞬間から、市川は「オリンピックとは何か?」と、改めて考え始めたという。

「ギリシア人には、オリンピックが必要であったのだ。でなければ、ああも長い歳月にわたって、ギリシア人には珍しい律儀さでつづいたはずはない。(略)オリンピックとは、戦いばかりしていた古代のギリシア人から生れた、人間性に深く基づいた『知恵』であった」(塩野七生『ギリシア人の物語Ⅰ 民主政のはじまり』新潮社)

戦争ばかりしている事情は、古代も近代も現代も同じ。普仏戦争に敗れてフランス国内に報復の声が高まったとき、イギリス留学でスポーツの素晴らしさを理解したフランス人教育者のクーベルタン男爵は、祖国に新しい力をもたらすには「スポーツを採用すべきだ」と考えた(カール・ディーム編、大島鎌吉訳『オリンピックの回想』ベースボール・マガジン社)。

つまりオリンピックとは基本的に平和運動なのだ。そしてスポーツとは、歴史社会学者ノルベルト・エリアスによれば「非暴力の競争」であり「歴史に生じてきた非暴力化（文明化）の傾向を直接、身体で表象する実践の形式」というわけなのだった（多木浩二『スポーツを考える――身体・資本・ナショナリズム』ちくま新書）。暴力（闘い＝戦争）ではなく、選挙や話し合い（議会）による民主主義社会が誕生すると、暴力行為も非暴力化（ゲーム化）され、スポーツが生まれる。古代ギリシアと近代イギリスでスポーツが生まれ、明治の日本に柔術から柔道が生まれた理由もそこにある。

オリンピックとは「非暴力の祭典」であり、「平和と民主主義の祭典」なのだ。

「国境を越え、人種の違いや宗教の違いを超え……、もしも世界平和というものが存在するなら、それはこのような光景のことを言うのではないでしょうか」という閉会式でのアナウンサーの絶叫で幕を閉じた１９６４年の東京五輪の映画の最後を、市川はこう結んだ。

「この創られた平和を夢で終わらせていゝのであろうか」

同じとき作家の菊村到《いたる》はこう書いた。

「オリンピックは、やってみてよかったようだ。（略）一度は、やってみるべきだろう。ただし二度やるのはバカだ」（『東京オリンピック 文学者の見た世紀の祭典』講談社文芸文庫）

過去の近代オリンピックは、はたして平和と民主主義の祭典となったのか？

そして二度目の東京大会は……？

日本経済新聞「半歩遅れの読書術」（２０１６年7月31日）を元に加筆修正

新しいスポーツ

第2章

古いスポーツと

はたして相撲はスポーツか？　柔道は五輪競技だけど、剣道や合気道などの武道はスポーツ？　eスポーツと呼ばれてるコンピューター・ゲームは…？　こんな疑問に誰もが正しく答えられるように！

はたして大相撲はスポーツなのか？

大相撲はスポーツなのか？　大相撲以外の相撲――社会人相撲、学生相撲、ちびっこ相撲などは明らかに格闘技であり、スポーツの一種と呼んでいいだろう。しかし大相撲は、そうは断言できない面がある。

大相撲も、確かにルールに則って勝敗を決める格闘技の一種に違いない。ではなぜ勝敗を判定する行司や勝負審判（以前は検査役と呼んでいた親方衆）が、力士と同じ各部屋に所属しているのか？　これではプロ野球で巨人や阪神に所属する職員が、球審や塁審を務めているようなもので、どう考えてもフェアなシステムとは言えない。

また1場所15日、年に6場所。合計90日も同じような相手と勝負を繰り返すのも、相手力士と馴れ合う関係が生じ、スポーツ競技的な試合形式とは言えない。

それら部屋付きの行司や勝負審判、それに年6場所という試合形式は、すべて興行面から生まれた制度。各部屋が寄り集まって、より利益の出る興行を考えた結果なのだ。つまり大相撲は、格闘技というスポーツであると同時に、力士を抱えた部屋が寄り集まって行う興行でもあり、誤解を恐れず書くならば、プロレスと同じような興行組織でもあるのだ。

そして大相撲には、「格闘技（スポーツ）」と「興行」にプラスして、もうひとつ「神事」という重要な要素もある。

神代（垂仁天皇7年）の記録（日本書紀）に残されている、出雲国《いずものくに》の「勇士」野見宿禰《のみのすくね》と大和国《やまとのくに》の「力士」当麻蹶速《たぎまのけはや》の「捔力《すまひ》」が、大相撲の起源ともされているが、結果は宿禰が蹶速を「蹴殺した」というから、現在の大相撲のルールとは相当異なるものだったようだ。

奈良・平安時代になると、全国から力人《ちからびと》を集めて天皇の見ている前で行われる節会相撲《せちえずもう》として発展。やがて鎌倉武士の格闘技として進化し、室町・安土桃山時代になると戦国大名が力士を抱えて育て、大名相撲として盛んになった。江戸時代になると神社や寺の建立資金を集める名目で全国各地から集まった力自慢による勧進相撲《かんじんずもう》が人気を集め、横綱制度も生み出され、大地を踏み固める四股によって邪気を払い、五穀豊穣を願う神事としての側面も定着しはじめた。

その結果、明治4年に「断髪令」が発布されたときには、武士・公家・神主・町人など、すべての日本人男子が丁髷《ちょんまげ》を切り、「散切り頭」にするよう求められたが、神事を行う力士だけは特別な存在として、丁髷や大銀杏《おおいちょう》を結うことが許されたのだった。そして現在も大相撲の土俵の下には、土俵祭《どひょうまつり》によって、勝ち栗、榧《かや》の実、昆布と鯣《するめ》、洗米、塩が、御神酒に浸されて埋められているのだ。

君子が南面する（天皇が南を向いて見守る）土俵の上で、東（青房）と西（白房）から力士が土俵にあがり、両腕と手のひらを開いて武器は何も隠し持っていないことを示し、塵手水《ちりちょうず》を切り（草を揉《も》んだり、空中の塵を取って手を清めること）、東の青竜《せいりゅう》と西の白虎《びゃっこ》が相撃って相撲を取るのは、天地長久、五穀豊穣を願う神事でもあり、横綱は各地の神社で奉納土俵入りを行う義務があるのだ。

神事という面もある大相撲では、単に勝敗を競ったり白星の数や優勝回数を較べたりすることに、あまり意味はない（はずだ）。それよりむしろ、観客の誰もが満足する力と技を見せること、そして日本の文化を守ることが第一の役割と言うことができるだろう。

……と、ここまで大相撲の解説をしてきたのは、あらためて言うまでもなく、近年「日馬富士の暴行事件」のほか様々な暴力事件や貴乃花部屋の消滅……などが、世間を大きく騒がせたからだ。が、それらの「事件」以上に心配なのは、2千年の歴史を誇る日本文化としての大相撲のカタチが、最近崩れてきていることだ。

2017年の千秋楽で優勝インタヴューを受けた横綱白鵬は、最後に万歳三唱を行った。「暴行事件」の解決がまだだった時期に何のための万歳か（白鵬の優勝を祝うためなら、自分で率先して万歳を唱えるのはオカシイ）といった疑問はさておき、そのとき白鵬の行った万歳は、まるで汽車汽車シュッポシュッポという歌に合わせて両手を動かす仕種を、そのまま上にあげたようなカタチで、万歳になっていなかった。また多くの観客の行った万歳も、手のひらを前に向けた「降伏」や「お手上げ」の仕種で、これも万歳になっていなかった。

日本人の所作とは外見だけを示せば良いのではなく、すべては心のなかから表れている（と、わたしは狂言師の故野村万之丞氏から教わった）。万歳の手の動きも、心の内側から湧き出たものとして、手の甲を上にして両腕を持ち上げながら、頭の上で左右に開くというのが、正しい万歳のカタチだ。

たかがカタチというなかれ。カタチが崩れてくるときは、本質も忘れられる。かつて横綱朝青龍が勝ったあと、土俵上でさかんにガッツポーズを行ったことがあった。そのとき、ガッツポーズくらい現代ではイイじゃないかと言った人も少なくなかった。だが土俵上で拳を握るのは武器を隠し持っている仕種で、相撲では認められない所作なのだ（仕切りで土俵に手を着くときだけ、手のひらに土の付かないよう拳を握るのが許されている)。

風呂あがりの力士がスポーツウェアのジャージを着るのもいただけない。やはり和服の浴衣を着るべきだ。巡業の土俵の上に背広姿であがって挨拶した親方もいたが、巡業とはいえ土俵にあがるときは、紋付き袴を身につけるべきだろう。そういう大相撲周辺の文化もすべて含めて大相撲のはずだ。

時代の流れとともに、確かに大相撲も変化する。屋根を支えるための四本柱がなくなって釣り天井になったのは、見やすさの点から素晴らしい変更だった。大相撲の基本は伝統文化を保守すること。そうして現代の日本人も、大相撲によって日本文化の素晴らしさを再認識する。そういうところに、大相撲の(格闘技というスポーツだけに留まらない)価値があるに違いない。

フォーラムエイト広報誌『Up & Coming No.120』(２０１８年新年号)を元に加筆修正

相撲のおかしさと面白さとは？

新弟子死亡事件や大麻所持事件、横綱の暴行引退事件や野球賭博、そして携帯メール八百長事件……。不祥事が続いたときもあった角界は、信頼を回復したと言えるのか？

高橋秀実の著書『おすもうさん』(草思社)は筆者自らまわしを締めて土俵に上がり、力士や行司のナマの証言を集め、肌で感じた「呑気《のんき》でゆるやかな相撲の世界」を描いた秀逸なノンフィクションである。

明治時代には「待った」を54回も繰り返し、仕切りに1時間37分かけたこともある。明治42年に国技館ができたときも「八百長」が横行。「呑気者同士ゆえの八百長。呑気こそ相撲の伝統」と看破する。しかし、そんな大相撲がやがて「裸一貫褌《ふんどし》一丁で相手に（略）挑む。大日本帝国が敢行すべき『肉弾戦』」として「国技報国」に利用された。

敗戦後はエスニックな魅力の行司や力士が進駐軍米兵の人気の的となり、柔道や剣道がＧＨＱによって禁止されるなか、相撲は興行を再開。戦後の「スポーツ」として復活する。

相撲の「正史」ともいうべき新田一郎『相撲の歴史』（山川出版社）にも、「この融通《ゆうずう》無碍《むげ》、これこそが相撲であった」と述べられている。

中島隆信は『大相撲の経済学』（ちくま文庫）で「八百長は本当に悪か」と問題提起し、「真剣勝負が増えることで（略）観客の目を楽しませる」なら「八百長を極力減らすようなしくみを考え」るべきだが「相撲のパフォーマンス向上にそれほど効果があるわけでもな」いなら「部外者が（略）目くじらを立てて非難する必要もない」と書く。

相撲は、「呑気」に「融通無碍」に考えるべきものなのだ。

風見明『相撲、国技となる』（大修館書店）によれば、明治の大相撲の「近代化」は「力士の芸人根性の象徴」だった観客の「投げ花（投げ祝儀）」や「桟敷での力士の接待（飲酒）」の禁止、「人情相撲（八百長）」の排除から始まった。

そのような近代日本が否定した前近代の相撲は、江戸風俗研究家の三田村鳶魚《えんぎょ》の言葉をまとめた柴田宵曲《しょうきょく》編『侠客《きょうかく》と角力《すもう》』（ちくま学芸文庫）に詳しく、江戸期には相撲（や侠客）の世界が「アジール

（聖域・避難所）」として機能したことがわかる。「晴天十日の小屋掛け興行」が、明治の常設館（国技館）での興行となったことを、「意気とか情味とかいふものを余所《よそ》にして、財布ばかり大事がる」として、江戸っ子は「折角《せっかく》出来上《あが》った国技館を、しみったれと罵《ののし》った」という。

しかし、時代は変わる。メディアが「八百長は許せない」と非難し、監視カメラの設置や携帯電話の持ち込み禁止で「大相撲のスポーツ化」が推進される。それを見て、世知辛い世の中……と思うのはわたしだけだろうか？

そんなときは、飯嶋和一の名作『雷電本紀』（小学館文庫）に描かれた雷電の豪快無双の活躍を読んで留飲を下げるのがいい。天明の大火で焼け野原となった江戸の町で、母親たちが次々と差し出す赤ん坊を抱きあげ、「厄払い」に励んだ雷電は、抑圧された民衆たちの閉塞《へいそく》感の象徴とも言える「拵《こしら》え相撲」（八百長）を「鉄砲（張り手と突っ張り）」でぶち壊す。小説とはいえ、相撲が「スポーツ化」することなく「美しい日本文化」であった姿を味わえる。

いや、『映像で見る国技大相撲』（ベースボール・マガジン社 全20巻）のＤＶＤを見れば、「八百長」と騒がれた大相撲も、じつは素晴らしい名勝負だとわかるはずだが……。

朝日新聞「ニュースの本棚」（２０１１年5月15日）を元に加筆修正

「おすもうさん」安美錦の引退は、ひとつの時代の終焉？

２０１９年７月に幕を閉じた名古屋場所は、横綱鶴竜が差し手争いを制する見事な取り口で白鵬を破り優勝。そして敢闘賞を獲得した照強、技能賞に輝いた炎鵬と、小兵力士の大活躍にも人気が集まった。が、四大関の休場に加えて、阿炎、竜電、朝乃山、明星など、次代を担う若手力士の負け越し（伸び悩み？）もあり、少々寂しく感じられた15日間だった。

そんななかで40歳の大ベテラン安美錦の引退は、ひとつの時代の終焉《しゅうえん》を感じさせる出来事だった。青森県西津軽郡出身の安美錦は、祖父が元出羽海部屋の力士で、父親は師匠の伊勢ヶ浜親方（元旭富士）といとこの関係。兄も安壮富士と名乗った元関取で、安美錦は、そんな相撲一家に育ち、赤ん坊のときはオムツをするより早くまわしを締めたと言われたほどで、生まれながらの「おすもうさん」だった。

最高位は東の関脇で殊勲賞４回、敢闘賞２回、技能賞６回。関取在位１１７場所は魁皇と並ぶ歴代１位。それほど長く関取として相撲を取り続けたことも見事だが、それ以上に金星８個（貴乃花、武蔵丸、白鵬、鶴竜各１個、朝青龍４個）という「大物食い」でも名を馳せた。

また、徳利《とっくり》投げ（相手の首を徳利の首のように両手で挟んで投げる技）や、素首《そくび》落とし（相手の後頭部を真下に叩いて倒す技）など、珍しい技を含めて、多種多様な決まり手を次々と繰り出し、ファンの喝采を浴びた名力士だった。

そんな現役時代の安美錦を詩人の渡邊十絲子さんが絶賛しているのだが、その絶賛ぶりにわたしは感銘した。

大相撲中継のインタヴューで、「明日の一番、相手を攻める作戦は、いつ、どのように決めるのか?」と訊かれた安美錦は、次のような素晴らしい回答を口にしたという。

「作戦は自分では考えません。すべて付け人に考えさせます。自分で考えると、この前あの相手にこうやって勝ったとか、こういう技があの相手には効くんだとか、勝った記憶にどうしてもとらわれてしまう。そうすると考えが硬直するし、『自分が自分が』となってしまって、いい相撲が取れない。だから何も考えず、付け人の考えた作戦をきいて、自分はただそれを実行に移すだけです」

そして渡邊十絲子さんは、安美錦の言葉のあと、こう書いているのだ。

《力士はかつて、尋常ならざるチカラビトとして、この世と神の世とを架橋する存在だった。（略）力士はこの二十一世紀においてさえ、まだ神の時間を生きていたころのなごりをとどめている。よく相撲を知ると評されるものしずかな力士は、自分の技や頭脳をほこる気持ちをいかに捨てるかにこころをくばっている。自分よりも経験がなく技量もはるかにおとる付け人に、力士にとっては命よりも大切かもしれないきょうの勝ち星をあずけるのだ。それは、力士がまだ神の声を聞く回路をうしなってはいない証拠ではないか。（略）自分ひとりのちっぽけな頭がえがく硬直した自分像にこだわるな》と安美錦の相撲は語り続けてきたのだ（『今を生きるための現代詩』講談社現代新書）。

大相撲は、近年大きく変化しつつある。人々は「チカラビト」が神々と交流する瞬間を忘れ、やれ年間最多勝だの、やれ通算○勝だのという数字ばかりをもてはやし、力士もその数字をTシャツにプリントして自慢する。「チカラビト」は単なる格闘技《スポーツ》のチャンピオンに堕しているようにも思われる。

とはいえ、世代交代が迫っている現在の大相撲。新しい記録を目指すような格闘家ではなく、安美錦のような「おすもうさん」こそ現れ出てほしいものだ。

北國新聞夕刊「スポーツを考える」（２０１９年7月26日）を元に加筆修正

レスリングがオリンピック競技から除外？

レスリングは、人類の歴史のなかで、最も古い格闘技である。

紀元前７７６年に始まったとされる古代ギリシャのオリンポスの祭典（古代オリンピック）では、レスリング（紀元前７０８年〜）、ボクシング（紀元前６８８年〜）、パンクラチオン（紀元前６４８年〜。レスリングとボクシングを合わせた格闘技）といった格闘技が行われていた。

ボクシングはオリンポスの神々の主神ゼウスの息子であるアポロンが創始した格闘技（ヘラクレスが始めたという説もある）――という伝説があるほど古い競技で、古代オリンピックなどのギリシャ文明が花開くずっと以前の紀元前16世紀ごろ、エーゲ海のクレタ島に栄えたミノア文明にも、拳に革を巻いたグローブをつけてボクシングを闘う少年達の壁画が残されている。

レスリングは、そんなボクシングよりもさらに古い格闘技で、「レッスル（Wrestle）」という言葉は「動物がじゃれ合う」という意味。だから「レスリング（Wrestling）」は、もともと動物相手に闘った格闘技で、相手の着衣を掴むのは反則（動物は衣服を着てませんからね）。

ヘッドロックもフルネルソンもコブラツイストも、すべて四つ足の動物相手に有効だった技で、ベア・ハッグ（Bear Hug＝熊を抱き締めること）と名付けられた技まである（日本の名称は「鯖折り」）。

つまりレスリングは、文献が残っている有史以前から人類が動物相手に行ってきた格闘技であり、メソポタミアで発見された紀元前３０００年以前のものと推定される石板にも、相手の腰を押さえたり、足を取り合うレスリングのような競技をしている二人の人間の絵画が描かれている。また紀元前２５００年ごろのものとされる古代エジプトの壁画にも、同様の絵画が残されている。

古代オリンピックでは、ボクシングやパンクラチオンよりもはるかに〝格上〟の競技だったらしく、優勝者が古代オリンピックの最高の栄誉とされた五種競技（競走、円盤投、槍投、走幅跳、レスリング）にも選ばれ、哲学者プラトンもレスリングの選手としていろんな大会で優勝した経験があり、アリストテレスはレスリング選手のことを「若く美しき男の代表」と讃えたと言う。

では、なぜレスリングが〝格上〟で最高の人気格闘技となったかというと、それは血の流れることが少なかったから、とも言われている。

古代ギリシアのオリンピックは、ゼウスなどのオリンポスの神々を讃える宗教行事でもあり、羊や牛などの血や肉を生け贄として捧げるなかで競技が行われた。が、人間の血が流れるのは好まれず、ボクシングやパンクラチオンは、流血のため試合がしばしば中断されたり中止になったりしたと言う。レスリングは流血がきわめて少なくクリーンな格闘技として好まれたのだ。

近代オリンピックでも第1回アテネ大会から（第2回のパリ大会を除いて）行われている伝統競技で、かつてはグレコローマン（ギリシア・ローマ式）のヘビー級チャンピオンは「世界最強の人間」と讃えられた。

だからオリンピックよりも古い歴史を誇るレスリングが、オリンピック競技から除外されるかもしれない、などという事態は、絶対にありえないこと、と言うほかないのだが……。

『YANASE LIFE plaisir』（２０１３年７＋８月号）を元に加筆修正

ボクシングは禁止される瞬間が必ず来る？

２０１９年5月22日、ＩＯＣ（国際オリンピック委員会）のバッハ会長は東京五輪以降、オリンピックの正式競技から除外される可能性のあったボクシングを存続させるという方針を発表した。

この決定は新聞報道とＮＨＫがニュースで取り上げたが、ワイドショーなどではまったく扱われなかった。ボクシングは東京五輪では開催され、なんとか生き延びたとはいえ、今や消滅の危機に瀕しているというのに……。

そもそもボクシングは、古代ギリシャのオリンピック当時から行われていた長い歴史がある。だが、現在のような拳の正面《ナックルパート》で殴り合う近代ボクシングは〝ボクシングの父〟と呼ばれるイギリス人のジェームズ・フィグとその後継者であるブロートンが18世紀初頭にルールを確立したことに始まった。

それまではオープンブロー（手のひらや手首を使った打撃）やバックハンド（手の甲を使った打撃）で相手を殴ってもよかったが、フィグは最も威力のあるナックルパートでの打撃（ストレート、フック、アッパーカット）の技術を磨き、ベアナックル・ボクシング（グローブを用いないボクシング）の王者となった。

ナックルパートによる打撃の威力は極めて大きいが、技術の習得が難しい。それは街中での喧嘩のほとんどが、掴み合いやオープンブローでの叩き合いに終始することでもわかる。ナックルパートでの殴り合いはボクシングのリング上か、ハリウッド映画以外には、ほとんど存在しないのだ。

この新しい威力のある技術を積極的に取り入れたイギリスは、大英帝国として「七つの海を支配する」のにボクシングを利用。オックスフォードやケンブリッジの大学でボクシングを身に付け、植民地に赴任したエリート官僚は原住民の力自慢をボクシングで倒し、イギリス人の力を誇示した。

そうして始まったボクシングの歴史は、常に政治とともに歩んできた。

大英帝国《イギリス》のヘビー級チャンピオンの座が、かつての植民地アメリカに移り、なかでもかつては奴隷だった両親を持つ黒人（ジャック・ジョンソン）が王座に就くと大騒ぎになった。その後、チャンピオンはヨーロッパとアメリカ、白人と黒人の間を行ったり来たりしたが、白人にも人気のあった黒人王者（ジョー・ルイス）が、ドイツ人王者（マックス・シュメリンク）を破った闘いでは、民主主義 対 全体主義（ナチス）の闘いと騒がれた。

第二次世界大戦後も、欧州やアメリカの白人王者とアメリカの黒人王者の闘いや、白人好みの黒人（フロイド・パターソン）と白人に嫌われた元受刑囚の黒人（ソニー・リストン）の闘いが騒がれた。そこにオリンピック金メダリストの黒人（カシアス・クレイ）が現れ、元受刑囚の王者を倒して喝采を浴びたのも束の間、彼がイスラム教に改宗してモハメド・アリと改名。ベトナム戦争への徴兵を拒んで王座を剥奪された。その裁判に4年かけて勝ったアリは、リングに復帰。メキシコ五輪で優勝したときにアメリカ国旗を振った王者（ジョージ・フォアマン）を、黒人の故郷のアフリカで倒して王者に返り咲いた。

　このあたりまでがボクシングという「政治的スポーツ」が輝いた時代で、その後、史上最強とも言われた王者（マイク・タイソン）がバブル経済絶頂期の東京に（カネで?）招かれ、弱い相手（ジェームズ〝バスター〟ダグラス）に（油断して?）惨敗して以来、世界（ボクシング界）を支配するのは「政治から経済に移った」とも言えるのだ。

　このようなボクシングの政治的な歴史は、政治の裏世界（マフィアなどの反社会勢力）とも結びつき、アマチュアボクシングにも影響を及ぼした。

　オリンピックのボクシング競技は１９０４年、第3回セントルイス大会以来（12年、第5回ストックホルム大会を除き）行われ続けてきたが、常に多くの問題が噴出。

　レフェリーの「買収事件」や「疑惑の判定」で毎大会紛糾。２０１８年、日本のアマチュアボクシング界でも話題になった事件がオリンピックでも相次いだ。また、世界のアマチュアボクシングを統括するＡＩＢＡ（国際ボクシング協会）内部の金銭疑惑や、前会長がアメリカ財務省から「麻薬売買に関わる犯罪者」と指摘されるなど、２０２０年の東京五輪でも会場を両国国技館に決定したが、中止の可能性もあるとして、スケジュールは決めないでいた（ワイドショーを賑わした日本ボクシング連盟の山根明会長＝当時も、東京大会でのボクシングの中止を示唆する発言をしていた）。

ＩＯＣはＡＩＢＡの競技団体としての資格停止は継続するが、選手のために競技の実施を決定。予選はＩＯＣが独自に行うと発表したのだ。しかし、ボクシングの未来は決して明るくない。ボクシングの世界的人気は根強いが、「平和の祭典」のオリンピックには「暴力的過ぎる」との声も高い（ＩＯＣバッハ会長もボクシング否定論者と言われている）。

かつてプロのヘビー級王者として49勝無敗（43ＫＯ）の大記録を残したロッキー・マルシアノ（チャック・ウェプナーとともに映画『ロッキー』のモデルと言われるボクサー）も次のような言葉を残している。

ボクシングが禁止されるときは《必ず来るだろう――半世紀か四半世紀後――いやそれよりも近い将来に（略）。人びとがさらに文明化されていくと、ボクシングは禁止されるはずだ》、《いまから一〇〇年後、私たちはグラディエーター（註：古代ローマの剣闘士）のような存在になっているはずだ。歴史上の人物にね》（マイク・スタントン『無敗の王者 評伝ロッキー・マルシアノ』早川書房より）

このロッキーの発言から、すでに半世紀以上が経った。

筆者はボクシングというスポーツの大ファンだが、殴り合いに興奮するのは確かに野蛮なことかも……と自問し始めている。

『ZAITEN』（２０１９年８月号）を元に加筆修正

両性具有の女子選手に未来はあるのか？

日本大学の「悪質タックル事件」に端を発し、ボクシング界、女子レスリング界、女子体操界……と問題が次々と露呈した２０１８年に較べて、２０１９年の日本のスポーツ界は比較的平穏と言えた。しかし、日本のマスメディアはあまり騒がなかったが、将来の世界のスポーツのあり方を考える場合、かなりの大問題と言える「事案」が生起していた。

それは南アフリカの陸上女子中距離ランナーであるキャスター・セメンヤ選手を中心とする問題だ。彼女は２０１２年のロンドン、２０１６年のリオと、五輪2大会で８００ｍ連続金メダル。「世界陸上選手権」でも三大会優勝（２００９年ベルリン、２０１１年大邱、２０１７年ロンドン）と、圧倒的な強さを誇っていた。が、ベルリン世界陸上で6位となったエリサ・キュスマ選手（イタリア）が、レース後に「彼女は男！」と発言。リオ大会で6位に終わったリンジー・シャープ選手（イギリス）も、次のように語った。「男女それぞれの性的特徴を持つ両性具有の選手たちと戦うのは本当につらかった」

リオ五輪で「女性」であることを疑われたのはセメンヤ選手だけでなく、2位のフランシーヌ・ニヨンサバ選手（ブルンジ）、3位のマーガレット・ワンブイ選手（ケニア）にも疑惑の目が向けられ、実際彼女たちはＩＡＡＦ（国際陸上競技連盟）から「性別検査」を受けたらしい（結果は非公開）。「性別検査」は口腔内の粘膜細胞から標本を採取して染色体を調べ、ＸＸの組み合わせなら女性、

ＸＹならば男性と判定するもので、１９６８年メキシコ五輪から導入された。だが染色体で「男女」を決定することも難しく（性同一性障害や両性具有と呼ばれる人々もいる）、80年代からは人権にも配慮し、自己申告と外見だけで男女の区別（女性であること）を決定していた。ＩＡＡＦは１９９１年に検査廃止を正式に決定。ＩＯＣも２０００年以降のオリンピックで検査を実施しないことを決定した。

そこへ、セメンヤ選手のような両性具有を疑われる選手が出現。ＩＡＡＦの検査では（結果は非公表だが報道によると）、彼女には子宮と卵巣が存在せず、睾丸も存在しないが体内に精巣があり、テストステロン（筋肉増強剤として外部からの摂取は禁じられている男性ホルモンの一種）を、通常の女性の3倍量も分泌していることが判明。両性具有であると判定された。

子供のころから女性として育った選手を、「女性ではない」として女子種目から排除するのも人権擁護の観点から困難と判断したＩＡＡＦは、２０１８年11月、女子の中距離種目（４００メートル～1マイルのレース）に限ってテストステロン分泌量の上限導入を決定。薬剤等を使ってテストステロン分泌量を一般的女性の分泌量以下に下げないと、公式競技への出場を認めないという決定を下した。これに対してセメンヤ選手は、ＩＡＡＦの決定の撤回を求め、ＣＡＳ（スポーツ仲裁裁判所）に提訴。国連人権理事会もＩＡＡＦのセバスチャン・コー会長宛てに、「スポーツ組織は選手の人権を守り、大会に出場する女子選手に不必要な医療行為を強いてはならない」との文書を送り、選手の人権擁護を求めた。

そのＣＡＳによる裁定が、２０１９年5月1日に下されたのだが、それによるとＩＡＡＦの決定は「差別的なものである」が、「女子選手の競技の公平性を守るためには必要かつ合理的である」

というものだった。一人の女性としてナチュラルに生きてきた人物を、「あなたはナチュラルではない」と断じる「差別的規定」によって「差別」することが、「スポーツの公平性」のもとに認められたのだ。

スポーツとは「差別的規定」を導入しなければ、成立しないものなのか？

しかし、テストステロンの分泌量が低い（一般的な）女性選手が両性具有の選手と闘う「不公平感」もわからないでもない。

この問題（公平性の問題）を突き詰めていけば、人間の様々な「身体的差異」の問題に突き当たる。その「差異」をなくして「公平性」を保つため、ボクシング、レスリング、柔道、テコンドー（組手）、空手（組手）など多くの格闘技（相手と身体的に接触する競技）では体重別ランクを設けて試合を「公平に」行うルールを取り入れている。

それと同様、アメリカンフットボール、ラグビー、バスケットボール、ボート……など身体的接触による有利不利が生じる可能性の高いボールゲームや、体格の違いが勝敗を大きく左右する競技の一部には、体重別、身長別の試合を取り入れているものもある。体重（身体の大きさ）による有利不利が明らかなボクシングやレスリングや柔道など、「体重別ランク」を取り入れている格闘技を除き、そのように「公平性」を（過度に）重視したルールによる競技は、世界的に人気がない。それは身体の小さな選手でも大きな選手を打ち負かす技術が存在し、観客の多くもそんな瞬間を期待しているからだろう（その典型が相撲だ）。

男子短距離の王者ウサイン・ボルト（ジャマイカ、１９５㎝・95㎏）に対して、身長差によるアドバンテージを訴えた選手は現れていない。今回の「事案」も、ホルモンの分泌量の計測技術が発達しなかったなら、問題にならなかったケースかもしれない。実際８００ｍ、１０００ｍの女子中距離の世界記録は、80～90年代のチェコ、ロシアの東欧選手の記録が残り、セメンヤ選手でも抜けないでいる。

東欧共産圏諸国が、国家的ドーピング戦略で五輪のメダルを漁った時代の名残かどうかはともかく、近い将来、遺伝子ドーピング（遺伝子操作をする選手）も現れるこの時代、真に考え直すべきは、勝者を過度に讃え、金銭的にも大きな差をつける、現在のスポーツの勝敗のあり方なのかもしれない。

『ZAITEN』（２０１９年7月号）を元に加筆修正

記録の「壁」は、単なる人間の思い込み？

２０１７年９月９日、日本学生対校選手権で東洋大学４年の桐生祥秀選手が、日本人初の１００ｍ９秒台（９秒98）の記録をマークした。これで桐生選手は、世界で１２６人目の「１００ｍ９秒台ランナー」となった。

これは、かなり凄いことだ。

何しろ世界中で「１００ｍ９秒台ランナー」が存在するのは、27の国と地域しかないのだ。イタリアもスペインもスウェーデンもフィンランドもロシアも、９秒台ランナーは存在しない。ケニアもエチオピアも、ブラジルもアルゼンチンも、ニュージーランドもインドも１００メートル９秒台のランナーは出ていないのだ。

かつて「１００メートル10秒」は、「人類の壁」とも言われ、その壁を突破して「９秒台」に突入するのは「人類には不可能」とさえ言われていた。

事実、１９６０年に西ドイツのハリー選手が10秒０を記録して以来、合計10人のランナーがタイ記録をマークしたが、９秒台は出なかった。

１９６４年の東京オリンピック準決勝で、「黒い弾丸」と呼ばれたボブ・ヘイズ（アメリカ）が、手動計時で人類初の９秒９を記録したが、２メートル以上の追い風で参考記録に留まった。

ヘイズは１００ヤード（91・44ｍ）を９秒１で走る世界記録を持っていて、これを１００メートルに換算すると9秒95となり、彼は史上初の「9秒台ランナー」と呼ばれる実力を身に付けていた。

しかし当時の「手動ストップウォッチ」では細かい数字までは測り切れなかったようだ。それから4年後の1968年。ハインズ（アメリカ）が手動計時で9秒9、そのころ誕生した電動計時で9秒95を記録。そこから「9秒台ランナー」は続々と登場。「人類の壁」など存在せず、「100メートル10秒0」はただ偶然区切りよく並んだだけの数字であることがわかった。

同じことが、「1マイル（約1609m）4分の壁」でも起きている。

1923年にフィンランドのヌルミが1マイルを4分10秒3で走り、当時の世界記録を37年ぶりに2秒短縮する大記録を樹立。しかし、4分を切るのは絶対に無理と言われ続け、31年後の1954年、オックスフォード大学の医学生バニスター選手が、二人のペースメーカーを使い、ようやく実験的に4分の壁を破ることに成功した。そのわずか一か月後にオーストラリアの選手が伴走者ナシの正式レースで、アッサリ4分を突破。そこから一年間で23人もの選手が、次々と「1マイル4分の壁」を破った。

バニスター選手が1マイル4分の壁を突破する以前にも、1500メートル走のレースでは、1マイルに換算すると、軽く4分の壁を突破する記録は数多く出ていたという。

人間とは、よほど心理的な影響を強く受ける動物のようで、「1マイル4分」「100メートル10秒」といった区切りのよい数字に、何か重大な意味や価値があるような意識を抱いてしまい、そこに自ら「壁」を築いてしまうようだ。

桐生選手が10秒の「壁」を突破してから15日後の9月24日、山縣亮太選手が全日本実業団対抗選手権で10秒０の日本第２位の記録を出した。

残念ながら「壁」は突破できなかったが、もう「壁」など存在しないことはわかった。東京オリンピックには桐生以外にも何人かの９秒台の選手が日本に出揃うことだろう。数字（記録）とは、ただの「幻」——人間の単なる思い込みなのだから（その後、サニブラウン・ハキーム選手が９秒97、小池祐貴選手が９秒98と、２０１９年までに日本の３選手が「10秒の壁」を突破したことを書き記しておこう）。


『YANASE LIFE plaisir』（２０１７年11＋12月号）を元に加筆修正

スポーツの世界からドーピングはなくなるのか？

２０１４年12月にロシア陸上競技界の「国家ぐるみ」とも言えるドーピング事件が明らかになった……。その話題に触れる前に、わたしの経験したドーピングにまつわるひとつのエピソードを紹介したい。それは何年か前、日本を代表する男子三人女子二人の世界的アスリートと、シンポジウムに臨んだときのことだった。

五人とも既に現役選手生活を引退し、指導的立場に立っていたが、控室での打合せのとき、司会を務めることになったわたしは、彼らに対して次のような質問をした。

もしも副作用がまったくなく、検査でも絶対に発覚せず、スポーツで力を発揮できるような新薬が開発されたなら、使いますか？

答えは全員同じ。五人とも、笑顔で「絶対に使う」と答えたのだった。

わたしは、この回答に納得した。

世界を舞台に活躍する一流のスポーツマンなら、金銭欲とか名誉欲といった二次的モチベーションを満足させる以前に、とにかく何が何でも勝ちたいという一次的モチベーションに動かされているもので、苦しい日々の練習にプラスして、何らかの「助け」を得たいと思うのは当然だろう。

そのうえドーピングには、たとえば次のような微妙な問題も存在する。

血液中の酸素を運ぶ赤血球を増やすために、高地トレーニングを行ったり、低気圧（低酸素）室で睡眠をとる、といった行為は許されている。が、同じ効果を高める薬物（EPO＝エリスロポエチン：人体の内部でもつくりだされる赤血球産生増加ホルモン）を、外部から摂取することは、ドーピングとして禁じられているのだ。しかし、この「差異」を、リーズナブルに、あるいは道徳的に、説明することは難しい。

そんなところへ、副作用もなく、摂取した痕跡も残らず、同等の働きをしてくれる新薬が登場したら、普通の人が常々摂取しているビタミン剤と同じ感覚で一流選手が使用したいと思うのは当然だろう。とはいえ、少々誤解を生じかねないこの質問を、わたしは本番では口にしなかった。

ところが、会場からの質疑応答となったとき、まったく同じ質問を口にした聴衆が出たのだ。しかも「薬を使いたいと思う人は手を挙げてください」と付け加えて。すると五人のうちの一人だけが勢いよく手をあげ、他の四人は目を伏せた。

シンポジウムのあと、手をあげた元アスリートは、「みんな、ずるいなあ」と笑顔で他の四人を非難し、非難された四人も笑顔で「ごめんごめん」と謝り、わたしも笑った。

スポーツ選手のホンネとタテマエ……。それを笑って済ますことができるだけ、日本のスポーツ界は（まだ?）健全と言えるだろう。

それに対して、ロシアで起きた「国家ぐるみ」のドーピング事件は、このような世界的一流選手の「勝ちたい」というホンネを利用する勢力が存在したのだ。それこそが、最大の問題というべきだろう。

発端は、ロシアの女子陸上選手が、ドイツのテレビ局に筋肉増強剤や興奮剤などの薬物を摂取させられていることを告発したことだった。それを受けてＷＡＤＡ（世界反ドーピング機構）がＩＣＰＯ（国際刑事警察機構）と手を組み、約一年間に及ぶ調査の結果、ロンドン五輪女子８００メートル金メダルのサビノワ選手など、多くの選手がロシア陸上競技連盟の担当医師の「指導」のもとに禁止薬物を摂取していたことが判明。

さらにソ連時代の秘密警察ＫＧＢ（国家保安委員会）の流れをくむＦＳＢ（ロシア連邦保安庁）や、スポーツ省の関係者までが、ドーピング及びその隠蔽工作に関与していた事実が明らかになり、サビノワ選手など何人かの選手のメダルは剥奪。記録は抹消されることになった。

ロシア陸上競技連盟に所属する選手の国際大会への出場禁止が勧告され、現状のままではロシアの陸上選手は、２０１６年のリオ五輪に一人も出場できなくなる可能性まで出てきたという（ドーピング検査を新たに受けて陰性と判定された選手は、ロシア代表としてではなく、個人参加が認められた）。

そもそもドーピングは、現代のスポーツ界にとって、最も厄介な問題とも言える。

いまから約半世紀前、１９６４年の東京オリンピックの様子を映画にした市川崑監督の『東京オリンピック』を見れば明らかだが、スポーツ選手の身体は50年間のうちに、大きく「発達（変化？　変身？）」した。

60年代のアスリートは、誰もがわれわれと同じ普通の体つきを頑張って鍛えたと思える程度の筋肉で、特に女性のアスリートは、普通のオバサンやオネエサンの体つきで、スポーツに挑んでいた。ところが現在のスポーツ選手の多くは、まさに「超人的」と言うほかない見事な体つき（筋肉）をしている。それは筋力トレーニングの発達やサプリメントの開発などの効果だけでは絶対に説明がつかない（としか思えない）。

かつて、旧社会主義国の東欧（特に東ドイツ）やソ連では、「国威発揚」としてオリンピックで金メダルを数多く獲得するため、国を挙げてドーピングと取り組み、筋肉増強剤（アナボリック・ステロイド）や、先に紹介したエリスロポエチンを多用。それらを隠蔽する薬も開発したうえ、女子体操選手には成長抑制ホルモンを摂取させ、高度な技に挑戦しやすい小さな身体を維持させたりもした。

そんな「国家がらみ」の不正によって１９６８年のメキシコ大会で5位（金9・銀9・銅7）だった東ドイツのメダル獲得数は、次の72年ミュンヘン大会で激増（3位＝金20・銀23・銅23）。76年モントリオール大会（2位＝金40・銀25・銅25）、80年モスクワ大会（2位＝金47・銀37・銅42）、84年ロサンゼルス大会＝不出場。88年ソウル大会（2位＝金37・銀35・銅30）と、ベルリンの壁崩壊以前の東ドイツは、圧倒的なメダル獲得数を誇った。

ロシアの前身であるソビエト連邦も、同時期メダル獲得数を増加させ、１９８０年自国開催モスクワ大会での1位（金80・銀69・銅46）は、西側諸国が出場しなかったから当然にしても、１９８８年ソウル大会でも1位（金55・銀31・銅46）を記録。

ところがロシアの最近の成績は、２００４年アテネ大会も、08年北京大会も、中国・アメリカの後塵を拝して3位。２０１２年ロンドン大会では、3位にイギリスが割って入って4位に落ち、プーチン大統領自ら、「国威発揚」のため好成績をあげるよう（1位の座を奪回するよう？）厳命していた、と断言する人もいる。

メダル数が「国威発揚」につながり「国家の威信」を示す……などというのは、独裁者や独裁国家のナンセンスな考えと言うほかない。かつてヒトラー率いるナチス・ドイツは、１９３６年ベルリン五輪で、2位アメリカ（金24・銀20・銅12）を上回る1位のメダル獲得数（金35・銀26・銅30）を記録した。そのことを今日、何人の人が記憶しているだろう？　たとえ知っていたとしても、それをナチス・ドイツという国家に対する「評価」と結びつける人は皆無だろう。ナチス・ドイツが、スポーツでドーピングを国家的に行っていたという証拠はない。ドーピングを行えば（そして発覚しなければ）勝負に勝てる（メダルが獲れる）ことは、かつての東欧やソ連が証明した。そこで旧社会主義国の選手だけでなく、資本主義諸国の選手たちも、ドーピングに手をつけてきた。

１９８８年ソウル五輪男子１００メートルでぶっちぎりの優勝を果たしながらドーピングが発覚し、選手生命を絶たれたベン・ジョンソン（ジャマイカ出身のカナダ人）のことは多くの人が知っているだろう。同じくソウル五輪で女子１００メートル、２００メートル、４００メートルリレーで金メダルを獲得したアメリカのフローレンス・ジョイナーも、男性化した筋肉質の体型と38歳の年齢での早逝は、薬物のせいだと言われている。

また日本ではあまり知られていないが、同時期に短距離選手として大活躍し、１９８８年ソウルでジョンソンの驚異的な疾走を横目で見ながら走って繰り上げ１位となり、84年ロス、92年バルセロナ、96年アトランタを合わせた五輪４大会で９個の金メダルを獲得したカール・ルイスも、一時期ドーピング検査で陽性反応が出て、危うく出場停止処分を喰らうところだったという（本人は、風邪薬などに含まれている禁止薬物のエフェドリン＝交感神経興奮剤を、不用意に摂取しただけと弁明している）。

その他、シドニー五輪女子短距離で金メダル３個、銅メダル２個の活躍をしたマリオン・ジョーンズも、禁止薬物の使用が発覚してメダルをすべて返上させられるなど、「国」の関わりとは無関係に、ドーピングに手を出す選手はあとを絶たない。

それは冒頭に示したように、何としてでも勝ちたい！　と思うアスリートの純粋な意識に根ざしているものとも言える。資本主義諸国では旧社会主義諸国や独裁者（的存在）の支配する国家の「国威発揚」とは異なり、勝利の結果として選手や指導者に多大な金銭的利益が伴うため、指導者（コーチ）が選手に対してドーピングを勧めるケースも少なくないという。

また、アメリカのドキュメンタリー映画『ステロイド帝国』では、五輪選手だけでなく、メジャーリーグの野球選手やアメリカンフットボールの選手たちのほか、プロレスラー、ボディビルダー、ハリウッドの映画俳優アーノルド・シュワルツェネッガーやシルヴェスター・スタローンなどにも蔓延している薬物（アナボリック・ステロイド）の実態が描かれ、アメリカ人男性に広がっている「マッチョ信仰」は、アスリートだけでなく学生や一般社会人の身体をも蝕んでいることを示している。ひょっとして、ロシアで「国家ぐるみ」のドーピングに手を染めた医者、選手、その他の関係者たちも、ＩＯＣやＷＡＤＡが禁止している薬物の多くはアメリカ製であり、心の底では「誰もがやっている事じゃないか……」と呟いているかもしれない。

では、スポーツ界のドーピングは、はたして根絶することができるのか？

一部には、どうせ近い将来、遺伝子ドーピング（人間の遺伝子操作による運動能力の飛躍的発達）にまで至るのだから、あらゆるドーピングを解禁しては……などと暴論を口にする人物もいる。が、一流アスリートへのドーピングの解禁は、彼らを目指す青少年への薬物の蔓延につながり、大人以上の副作用の危険性に加えて、世界のスポーツ界全体のモラル・ハザードを引き起こしかねない。

また勝利至上主義がすべての元凶と主張する人もいる。しかし何としてでも勝ちたい！　と思うのはアスリートの本能でもあり、勝利を否定し、勝利以外の価値を持ち出すのは、個人レベルでは可能だろうが、スポーツ界全体としては難しいだろう。

ならば……スポーツにおける勝利に絶対的価値を付与するのではなく、相対化する工夫——たとえば、オリンピックとパラリンピックを統合させること……を考えてみてはどうか。

健常者の１００メートル走のあとに、片足義足者による１００メートル走を行う。さらに両足義足者、車椅子、視覚障害者……などの競技を行う。臓器移植の拒否反応を抑えるために、ステロイドが必需薬である臓器移植者の１００メートル走も加えるべきだろう（現在、心臓移植をした短距離ランナーは１００メートル11秒を切るスピードで走っている）。

様々な身体の持ち主たちが、１００メートルに限らず、また陸上競技だけでなく、あらゆるスポーツのあらゆる競技種目の同じ土俵に登場すれば、様々な人々の様々な価値観でスポーツを見る（評価する）ことができ、必ずしも健常者の（いちばん速い？）ランナーがいちばん素晴らしいとは限らない状況が生み出されるのではないか？　健常者のアスリートも、指導者や周囲の人間も、ドーピングを行う愚に気づくのではないだろうか……などと考えるのは夢物語だろうか？

《より速く、より高く、より強く》というのはオリンピックの「モットー（標語）」と言われている。が、60年ローマ五輪のボート競技エイトの金メダリストでもあるドイツの哲学者ハンス・レンクは、その三つに、《より美しく、より人間らしく》というふたつを加えて、現代スポーツのモットーとした。はたして、《より速く、より高く、より強く》だけでなく、《より美しく、より人間らしく》と言えるのは、どんなスポーツのどんな勝者なのか？

遺伝子治療（遺伝子ドーピング）が行われ、人工知能（ＡＩ）が活躍する社会が間近に迫った現在、未来の人類が改造人間（サイボーグ）になるのか、人造人間（アンドロイド）になるのかはわからない。現代のスポーツは人間の多様さを規準に、たったひとつの価値観だけで評価するのではない世界を築かなければならないはずだ。

『調査情報』（２０１６年１・２月号）を元に加筆修正

ドーピングは「身体の問題」から「心の問題」に変化したのか？

２０１７年1月、２００８年の北京五輪４×１００ｍリレーで金メダルを獲得したジャマイカのネスタ・カーター選手に、ドーピング（興奮剤メチルヘキサンアミンの摂取）が発覚。そのとき銅メダルだった日本チームが繰り上げ銀メダルとなった。当時カーター選手はこの判定を不服とし、ＣＡＳ（スポーツ仲裁裁判所）に提訴した。が、その後、異議申し立ては棄却された。

誰もが疑問に思うことだろうが、なぜ8年以上も経った当時の状況でドーピング違反が指摘されるのか？　その一番の理由は、ドーピングの検査方法の飛躍的向上だ。

北京五輪当時は風呂場の湯船に落とした一滴の目薬程度の薬物を発見することができた。しかし自らの体内で作られるのと同じホルモンである場合は、発見が難しかった。それが8年後には、50ｍプールの中に落とした一滴の目薬程度のホルモンを、体外から摂取したホルモンと体内で自ら作ったホルモンに区別して発見できるまでになったのだ。

そのような検査技術の進歩を見越し、五輪入賞者のドーピング検査用の検体（尿）は8年間（現在では10年間）保存すると定められている。

ただし、刑事訴訟法（犯罪を裁く裁判）では「一事不再理」の大原則があり、一度判決が確定した事件は二度と公訴できない（裁判で取りあげられない）のが常識。ならば一度順位が確定した競技は、のちに検査技術が進歩したり新たな禁止薬物が定められたりしても再検査されるべきではない、と主張する声もある。

しかしIOCは、どんな小さなドーピングも許さないとの強い方針で、検査技術の進歩を待ち、過去に遡ってもドーピングを罰するという強硬な姿勢を貫いているのだ。

その結果、北京五輪女子走り幅跳びと三段跳びの銀メダリスト、ロシアのタチアナ・レベデワ選手も、筋肉増強剤トゥリナボルの服用を発見され、失格処分が下された。

2016年のリオ五輪の前にも多くのロシア選手のドーピングが発覚し、「国家ぐるみの疑惑」が大問題となったが、レベデワ選手は「踏み切りの魔術師」と呼ばれ、ぴったりの位置で踏み切る技術の持ち主で、その技術と筋肉増強剤は無関係にも思える。

また、ジャマイカ選手の摂取した興奮剤のメチルヘキサンアミンも、痔の治療薬等の家庭薬にも含まれ、スポーツの結果にさほど効果のあるものではないと言う人もいる。北京でのジャマイカ・チームの記録は37秒10（当時の世界記録）で、2位トリニダード・トバゴの38秒06を1秒近く上回るダントツの1位。クスリなど不必要の金メダルと言えた。

なのになぜ、スポーツ選手はクスリに手を出すのか？

近年のスポーツ選手たちは熾烈な戦いを勝ち抜くために、身体的効果よりも、心を安定させるため、精神的効果を求めて、何らかのクスリやサプリメントを必要とする、と言う人もいる。

鰯の頭も信心から？　ドーピングは心の問題？　ならばドーピングの撲滅は、教育と指導によって可能なはずだが……。

『YANASE LIFE plaisir』（2017年3＋4月号）を元に加筆修正

高校野球の未来を拓《ひら》くには……？

毎年、日本全国を〝狂乱の嵐〟に巻き込む夏の甲子園大会（全国高等学校野球選手権大会）。炎天下の茹《う》だるような暑さのなか、多くの学校が一学期末の定期試験の最中に予選を戦い、勉学よりも野球を優先させて勝ち上がった高等学校が甲子園球場に集まり、さらに煮《に》え滾《たぎ》る暑さのなかで、試合を行う。

もちろん高校生たちに罪はない。責任を問われるべきは、彼らをこれほどまでの狂気に追い立て、美辞麗句を並べて闘いを煽っている主催者の朝日新聞ほかのメディア各社である。その大騒ぎに乗っかり、高校生たちを自分のコマとして扱い、教育者面《づら》して憚《はばか》らない高校野球の監督や関係者の大人たちも同罪だ。

自らを「高校野球ファン」と称し、高校生の部活動（課外活動）を見世物扱いして恥じない大人たちも、本来なら「高校教育を妨げる存在」として非難されるべきだろう。

そのような「当然の常識」が理解されないまま、大正から昭和の戦後まで、娯楽の少なかった時代の娯楽イベントとして人気の出た高校野球を、令和の現在になってもいまだに大騒ぎするのは、甚だしい時代錯誤《アナクロニズム》というほかない。

２０１９年は、さらに特筆すべき出来事が起きた。

岩手県の某高校に身長１９０センチで時速１６０キロの豪速球を投げる投手が出現したのだが、

監督は彼を決勝で登板させなかった。そのことに対して、張本勲、中畑清、金村義明らの元プロ野球選手が「非難」の声をあげたのだ。

甲子園は高校生の夢であり、それが手を伸ばせば届くところにありながら挑戦させなかったのはケシカラン、と彼らは異口同音に口を尖らせた。超高校級の投手が甲子園で投げるところを見たかった、というプロ野球スカウトの無責任な声も出た。

「私なら投げさせた。本人の意向を聞き、できるところまでは、やらせるのが高校野球だ」（元横浜高校野球部監督・渡辺元智／２０１９年7月25日『朝日新聞デジタル』）という信じられない暴論まで口にする人物まで現れた。おまけにその超高校級投手の通う高校には、彼を投げさせずに決勝で敗れたことを非難する電話が多数かかってきたという。

これらの意見は改めて言うまでもなく無責任な暴論にすぎない。超高校級の力を持つ投手が「投げすぎ」の結果、肩や肘を故障したとしても、暴論を口にした彼らは誰ひとりとして責任をとらないだろう。誰からも（マスコミからも）責任を追及されないと高《たか》を括《くく》っているから、こんな無責任な発言を平気で口にできるのだ。

アメリカでは各州によってルールは異なるが、高校生の投手で連投を条件にするなら、ほぼ1試合30球まで。それ以上投げると球数が多くなるにつれて中一日、二日、三日と空けなければならず、76球以上投げると中四日以上を空けること、とルールが決められている。

もちろんアメリカでも試合に勝つためならエースに数多く投げさせようとする監督もいないわけではないらしい。が、アメリカの高校野球は全国大会がなく、地域のリーグ戦を勝ちあがった高校が州の決勝を行うだけで、同じ試合形式のバスケットボールやアメリカンフットボールに較べて人気が低い。おまけに運動神経に恵まれた高校生は、その3種類のスポーツをすべて行うのが普通で、野球だけで注目される高校生は少ない。

しかも、高校生投手の投げすぎは州の監視機関などで監視され、違反した学校の監督には罰金も科せられる。それ以上に、もしも将来有望な投手が投げすぎて肘や肩を故障した場合は、訴訟に持ち込まれる可能性も高い。その場合、メジャーリーグに入って活躍した場合に受け取れるはずの収入を要求されれば、それは高校野球の指導者などが支払える金額でなく、指導者は自ずと無理をさせられないシステムになっているという。

一方、日本の高校野球では、超高校級投手に連投させ、その結果彼が肩や肘を壊しても非難される可能性はほとんどない。勝利を掴めれば「名監督」「名将」と讃えられる可能性まである。にもかかわらず超高校級の投手の健康を気遣い、前日１２９球投げた投手の連投を避けさせた監督の判断は、高校生の健康を考えれば当然のことで、賞賛されこそすれ、非難されることは微塵もないはずだ。

その意味で、元メジャー投手の桑田真澄氏や現役メジャー・リーガーのダルビッシュ有投手が、その判断を賞賛したのは、元プロ野球選手の馬鹿げた暴論がテレビで報じられるなか、スポーツマンのインテリジェンスを示す素晴らしい意見と言えた。とりわけダルビッシュ投手は、張本勲氏の意見を激しく非難したうえで、高校野球の過密すぎるスケジュールの改革案にまで言及したのは卓見と言うほかない。

常識的に考えれば誰にもわかることだが、春のセンバツ、夏の甲子園、秋の新人戦とある現在の高校野球の公式試合の数は、誰が考えても多すぎる。そのうえ多くの高校野球部が、練習試合や遠征試合のスケジュールを数多く組んでいる。

春のセンバツは毎日新聞、夏の甲子園は朝日新聞が自社の利権を手放さないから、高校生の試合数削減など現状では不可能だろう。ダルビッシュ投手のような真っ当な意見が表に出てくれば、張本勲氏のような時代錯誤で非科学的な馬鹿げた暴論も徐々に姿を消すだろう。そうして高校野球だけでなく、読売新聞社のプロ野球や箱根駅伝など、そもそもジャーナリズムを担うべきメディアがスポーツ・イベントを主催すべきではない、という真のスポーツの発展につながる意見が主流になる日も訪れるに違いない。

『ZAITEN』（２０１９年10月号）を元に加筆修正

「身体性」を欠いているeスポーツは、スポーツとは言えない!?

e《イー》スポーツ（コンピューター・ゲーム）は、スポーツの一種だと思いますか？　スポーツだと思う人、オリンピックや国民体育大会の正式競技にしてもいい、と思う人は手を挙げてください――。

講演会の席で、壇上からこのような問いを投げかけてみると、手を挙げる人はいつも一割にも満たない。１００～５００人の聴衆のなかで、挙手する人は常に数人。どんなに多くても10人程度だ。

わたしはそれを、きわめて健全で常識的な反応だと思っている。

世界的にはゲームメーカーの巨大資本を背景に、オリンピックの正式競技に選ばれる可能性も出てきたと言われたり、２０１９年の国民体育大会茨城大会で文化部門のエキジビジョン・ゲームに採用されたり……。茨城県は水戸市に「eスポーツアカデミー」をつくり、県庁内に県職員によるeスポーツクラブも結成したという。eスポーツの世界選手権では賞金総額数十億円のビッグイベントに数万人の観客が何日間にもわたって押し寄せ、アメリカや日本の高校や大学のなかには、eスポーツのクラブが生まれ、課外活動として放課後に毎日コンピューター・ゲームを行う学生や生徒が現れたり……。

ということで、eスポーツは、昨今スポーツとしての市民権を獲得しつつあるようにも思える。しかし先に講演会などで得たわたしの実感としては、多くの人々は（特に高齢者の方々は）このような時代の流れには、大きな疑問を抱いているようだ。

そのような疑問は残念ながら、スポーツという人間の創り出した文化を正しく理解したうえでの結論だとは思えない。なぜなら、われわれ日本人は学校での体育の授業でスポーツを用いた身体の動かし方や鍛え方は学んでも、スポーツについてはまったく学んでいないからである。

そこで、「ｅスポーツはスポーツではない」と考え、わたしの質問に対して挙手をしなかった大勢の人々を前にして、次のような話を続けることにしている。

そもそも「スポーツ（SPORTS）」とは、ラテン語の「デポルターレ（DEPORTARE）」から生まれた言葉で、その意味は「日常生活の労働や仕事から離れた非日常の遊びや祭りの時空間」を意味する。つまりサッカーやラグビー、マラソンや鉄棒……のような身体競技だけがスポーツではなく、余暇を過ごすあらゆる行為のことを指すのだ。

したがって音楽や絵画や彫刻なども一種のスポーツと言うこともでき、オリンピックでも芸術競技が正式競技として競われ、金銀銅のメダルが与えられたこともあった（１９１２年ストックホルム大会から１９４８年ロンドン大会まで）。今日では芸術行為は競い合うものではない、との考えから競技として争うことは否定されているが、芸術部門の展示は文化プログラムとして実行することがオリンピック開催都市に義務づけられている。それもスポーツ（デポルターレ）の一種と言え、茨城県は、そこにｅスポーツの存在意義を見出しているのだろう。

またアジア競技大会では、象棋《シャンチー》（中国将棋）や囲碁、チェスやビリヤードなどが正式競技に採用されたこともあり、２０１８年ジャカルタで行われたアジア大会ではコントラクトブリッジ（４人でテーブルを囲んで行うトランプゲームの一種）が、ボウリングや競技ダンス（社交ダンス）とともに正式競技として行われ、日本代表として73歳の女性（中尾共栄さん）が出場した。

チェスやビリヤードはオリンピックの正式競技になることも目指しており、それらを「マインド・スポーツ（mind sports＝知的競技・心理的競技）と呼ぶこともあり、ならばｅスポーツも「非日常的な遊び・マインド・スポーツ」の一種としてオリンピックの正式競技に採用されることを目指しても何らおかしいことではない、とも言えるのだ。

ここまで説明して、改めて「ｅスポーツはスポーツと言えるでしょうか?」と問いかけても、挙手する人はいつもほとんど増えることはない。それもまた健全な反応だと思うのだが、ではなぜ「ｅスポーツをスポーツだと思わないのか?」と訊ねても明快な回答を口にできる人はいない。そこで、多くの人々が感覚的に示した健全な反応に理論的根拠を与えるため、わたしは次のように話を続けることになる。

２０１９年9月、ＩＯＣ（国際オリンピック委員会）のトマス・バッハ会長は、ＡＰ通信の記者からｅスポーツの五輪競技採用の可能性について訊かれた折に、ｅスポーツには過度な暴力や殺人をゲームにしているものが存在していることに触れ、「暴力や差別を助長するようなスポーツがオリンピックに加わることはあり得ない」と断じた。「それは私たちが考えるスポーツとは異質のものである」と。そして２０２４年オリンピック・パリ大会から、正式競技に採用される可能性が高いとの見方もあったｅスポーツだったが、パリ大会組織委員会も、正式にその不採用を発表したのだった。

じつは、それらの発言や決定に大きな影響を与えたと思える事件が、２０１８年8月に起きていた。それはアメリカ・フロリダ州で行われたｅスポーツの大会での出来事で、決勝トーナメントへ進む前のグループリーグで敗れたプロの有力選手が、会場でライフル銃を乱射し2名の死者と多数の負傷者が出てしまったのだ。

オリンピックをはじめとするあらゆるスポーツ大会で、競技に敗れた選手が勝ち残った選手を殺傷するなどという事件は、一度も聞いたことがない。そんな事件は、過去のあらゆるスポーツ大会で一度も起きていない、と断定しても、おそらく間違いないだろう。

ユダヤ系ドイツ人の社会学者で哲学者のノルベルト・エリアス（1897〜1990）によると、スポーツの多くは古代ギリシャと近代イギリスで誕生し、その社会的背景に民主主義社会が存在したという。つまり、それまで社会を支配していた人物（王や皇帝）は、前の人物（王や皇帝）を殺害して（すなわち暴力によって）王位や皇帝の座を奪い取っていた。

民主主義社会になり選挙や話し合い（議会）で社会のリーダーが選ばれるようになると、暴力行為はすべて無力なものとなった。その結果、殴り合いはボクシングに、取っ組み合いはレスリングに、「丸いモノ＝ボール＝世界を支配する太陽の象徴」の暴力的な奪い合いは、サッカーやラグビーやホッケーに……といった具合に、すべて非暴力的な様々な「ゲーム＝スポーツ競技」に姿を変えたというのだ。

すなわちスポーツとは暴力否定の民主主義社会でしか誕生しない、反暴力の象徴的文化と言えるのだ。柔道というスポーツも、明治天皇が「五箇条の御誓文」で「万機公論に決すべし（すべては話し合いで決めること）」と宣言し、「反暴力＝民主主義」の社会のなかから生まれた文化と言えるだろう。そしてフランス人のクーベルタン男爵も、普仏戦争（1870〜1871）に敗れたフランス国内で、プロシア（現在のドイツ）に対する復讐の世論が高まるなか、戦争の繰り返しの不毛さを訴え、全世界に反戦平和を主張するため、反暴力の象徴であるスポーツを利用した平和運動としてのオリンピックの開催を唱えたのだった。

そのような反戦・反暴力の象徴としての文化（人類の創り出した財産）がスポーツなのだ。が、「eスポーツ」には、それとは真逆の暴力や戦闘を誘発するような要素があるとするなら、それは断じてスポーツと呼ぶに値しないものというほかないだろう。

もちろんフロリダでの事件を、個人の資質でなくeスポーツ自体に求めるのは証拠不十分と言わざるを得ない。しかし、eスポーツを感覚的にスポーツとは認めない多くの人々の感覚的根拠は検討に値するはずで、その感覚的根拠は、おそらく「身体性の欠如」と言えるものだろう。

何時間も映像画面を見つめてコントローラーを操り続けるeスポーツの選手は、座り続けとはいえ相当に体力も消費するらしく、eスポーツのクラブではランニングや腕立て伏せなどの体力トレーニングや筋力トレーニングに励んでいるという。ここでいう「身体性の欠如」とは、そんなマッチョ志向の身体のことではない。

eスポーツは、闘う相手とネットや電気的配線によってつながれ、互いに身体を触れ合わないだけでなく、相手（の身体）を見ることもなければ、目を交わす（見つめ合う）こともない。すなわち液晶画面に映じる仮想空間《ヴァーチャル・ワールド》での自分の分身《アバター》や相手の化身《アバター》を見つめ合うだけでは、言葉を通じたコミュニケーションはもちろん、身体を通じたコミュニケーションも存在せず、人間と人間の一切の関係が絶たれた仮想現実《ヴァーチャル・リアリティ》の世界のなかでの行いで、現実世界での勝敗という結果とそれに伴う賞金や栄誉だけが実体として存在するのだ。

先に紹介したeスポーツ大会中の殺人事件は、勝敗・賞金・栄誉という現実世界でのリアルな実体が、仮想現実の世界での再挑戦や復讐でなく、現実世界での「復讐」につながった結果と言えるかどうか……それは先に書いたように、やはり証拠不十分と言わざるを得ないだろう。

ただ、もうひとつ、コンピューター・ゲーム（eスポーツ）に関する見落としてはならない出来事があったことを紹介しておきたい。

それは9年前、故・米長邦雄九段が生前の2011年、将棋ソフトのボンクラーズと対戦したときのことだった。結果は米長九段の敗戦となったのだが（その経緯は米長氏の自著『われ敗れたり――コンピュータ棋戦のすべてを語る』中央公論新社に詳しく書かれている）、勝敗以上に注目すべきは、米長九段が勝負に臨んだときの態度だった。

彼はコンピューターを相手にした対局で、将棋盤を挟んで有段者の棋士が座り、その有段者が米長九段に対して敬意を払っている人物であることを要求したのだ。つまり米長九段は、コンピューターに対して実体のあるコミュニケーションの取れる人間をコンピューターの分身《アバター》として現実に登場させることを要求したのだ。

わたしは、この米長九段の要求の意味を、フロリダでの銃乱射殺人事件をきっかけにして明確に理解することができた。つまり、身体的コミュニケーションを欠いたヴァーチャルな世界での営み（コンピューターの考えること）でも、それが現実の人間世界に出現してくる場合（人間を相手に勝負する場合）は、現実の人間世界のルール――すなわち身体的コミュニケーションが存在するというルールに従うべきだということを、米長氏は主張したのだ。

現実の人間世界に存在するスポーツという文化は、暴力（戦争）の危険性を身体で知ったところから生まれた、きわめて平和的な反戦・反暴力の文化と言える。しかしeスポーツは、決定的に身体性を欠いた仮想現実の世界での遊びに過ぎない。それを現実世界のスポーツ文化の列に加えることは所詮は無理なことであり、スポーツ文化の列に加えてはならないことだ、とわたしは、フロリダの事件や米長氏の態度を通して確信するようになった。

とはいえ現代という時代の現実世界でも、たとえばドローンのような無人の飛行体が判断力（敵識別能力）を備えたＡＩ無人兵器として機能するようになってきた。それに対してeスポーツが「反ＡＩ無人兵器」の急先鋒として反戦・反暴力の思想を推進するものとして存在するようになり（馬鹿な戦争をするよりeスポーツで遊びましょう！　というメッセージが出せるのか?）、反戦平和の象徴として現実世界に影響を与えるようにでもなれば、わたしもeスポーツをスポーツの一種として、ボクシングやレスリング、サッカーやラグビー、マラソンや競歩や徒競走……などと同列の文化として扱いたいと思う。が、どのように想像力を働かせても、そんな日が訪れるとは思えないのである（茨城県も一日も早く税金を使ってのeスポーツの普及などは止めるべきだろう）。

もっとも、ならば現在のオリンピック競技などのスポーツが、反戦平和に寄与しているかと問い直されると内心忸怩《じくじ》たる思いもあるのだが、身体性の存在する分、eスポーツよりは、はるかに人間的な営みであることは事実と言えるだろう。

『スポーツゴジラ■特集■eスポーツを考える「米長（九段）が求めた分身《アバター》」』（第45号）を元に加筆修正

Column 3

スポーツはアート（芸術）と合体する

スポーツ本から読み解く　過去・現在・未来

宮本武蔵の剣術論『五輪之書』にも比肩する野村克也の「野球論」

ある野球解説者に、「この本、面白いよ」と薦めると「野村さんの本なら、もういいですよ」と拒まれた。その気持ちは、わかる。

たしかに何十冊も（100冊以上？）出版された野村克也氏の本は、少々食傷気味とも思える。しかし、この本は別格。野球好きには興味の尽きない面白さに満ちた素晴らしい一冊だ。

本書の特徴は箇条書きの多いこと。たとえば第2章「野球とは」では、野球が、①頭のスポーツ　②失敗のスポーツ　③「攻め」と「守り」で成立する　④勝敗の7割以上をバッテリーが握る　⑤意外性のスポーツ　⑥確率のスポーツ――の6項目に分けられ、解説されている。

以下、「投手論」「捕手論」「打者論」「走塁・作戦論」「守備論」の各章でも、打者のタイプは4項目、データ収集は10項目、牽制球の種類は6項目、捕手の配球は12項目、さらに内角球の使い方は4項目……と、野球のあらゆるプレイが分類して（分けて）解説されている。「分ける」ことは「分かる」ことにほかならない。

バッターの作業は、①塁に出る　②走者を進める　③走者を返す――の3種類と書かれると、腑に落ちる。そして打者は、3種類のうちのどれかをどうすれば実現できるかを考え、投手と捕手はそれを阻止する方法を考える。

このように明確に「分けて」考えると、野球選手は自分の行うべきことが「分かり」、野球ファンは野球の世界がどのような要素で成り立っているのかが「分かる」。そして野球ファンは、野球の魅力を、より深く理解でき、より一層楽しめるようになるのだ。

第1章のタイトル「野球と人生」の文字を見たときは、またまた人生論か、とも思ったが、そうではなかった。著者は人生論を説くのではなく、野球選手の人生そのものを解説している。つまり「人生のなかに野球がある」のではなく、「野球のなかにこそ人生がある」と考え、本書で野球のすべてを書き尽くしたのだ。

宮本武蔵が剣術のすべてを『五輪之書』にまとめ、それが人生論としても読まれるように、野村克也の野球論こそ人生論（野球という素晴らしい人生の紹介）につながっているのだ。

『野村克也野球論集成』
野村克也・著
サンケイスポーツ・編
徳間書店
1850円+税

ボクサーたちの痛快な再起の物語

20歳代でスポーツ・ノンフィクションと称されるジャンルを大きく切り拓いた沢木耕太郎が、70歳を前にスポーツ・フィクション（小説）を書いた。

テーマはボクシング。はたして、どんな作品になるのか？　そこには現実のボクサーを描いたノンフィクションでは描き切れなかった、著者の考えるボクシングの理想像がフィクション（創作）として描かれているに違いない——。

そんな先入観を抱いて読み出した作品は、予想以上の痛快なエンターテインメント・スポーツ小説として素晴らしい楽しさに充ち満ちていた。

主人公は、若いころに世界王者目前で挫折した元ボクサー。アメリカに渡り再起を目指すが叶《かな》わず、落ちぶれた生活に身をやつしたあと、ホテルで働き始めたことから大成功し、大金を手にして日本へ戻ってくる。そして昔、合宿を共にし、世界王座を目指しながら失敗した三人の仲間を呼び集め、ひとつ屋根の下で、ふたたび共同生活を始める。まるで元ボクサーたちの老人ホームのように。

仲間の1人はふとした弾みで傷害事件を起こし、刑務所から出てきたばかり。別の1人は東北地方でジムを始めたが、失敗。親族からも見捨てられ、寂しくひとり暮らし。もう1人は、引退後クスリや博打で失敗を重ねたのち、小料理屋を営む女房に助けられたが、彼女に先立たれ、途方に暮れていた。主人公も、カネは持っているが独り身で、心臓病を抱える身。

離散、孤立、喪失、病苦。歳老いた者が見舞われる困難の前に立ちすくんでいる4人の共同生活。

その初日。新生活を祝う飲み会のあと、街中でからんできたチンピラどもを、老いたとは言え元ボクサーたちは、アッという間にノックアウト。叩きのめされたなかに、引退を考えていた現役ボクサーがいて、それをきっかけに老人たちの指導を仰ぐことになり、リングに復帰。若者は、やがて世界タイトルに挑戦するまでに……。

この本筋のほかに、元ボクサーたちの「老人ホーム」となる大きな屋敷を斡旋してくれた不動産屋の女性職員が、新興宗教団体から逃げてきたワケあり女性で、若いボクサーと結ばれたり、かつてヘミングウェイを読ませて感想文を書かせたジムの会長のあとを、主人公が「お嬢さん」と呼んでいた娘が継いでいたり……と、人間模様は少々やり過ぎと思えるほど娯楽色満載。

しかし最後の若いボクサーの世界タイトルマッチのシーンでは（その結果はもちろん書かないが）、思わず涙ぐんでしまった。それは大のボクシング・ファンの評者が歳をとり、涙もろくなっただけのことだろう。が、誰もが爽やかな読後感に包まれる快作である。

『春に散る　上・下』
沢木耕太郎・著
朝日新聞出版
１６００円＋税

スポーツ教養主義を推し進めたメディアの興亡

約40年前、スポーツライターとして仕事を始めたときから、ベースボール・マガジン社と、その系列会社の恒文社は、少々不思議な出版社だと思い続けていた。

野球、相撲、プロレス、ボクシング、サッカー、陸上競技、テニスなどなど、各種のスポーツ専門誌を出版するだけでなく、R・クリーマー『英雄ベーブ・ルースの内幕』という見事な長編スポーツ・ノンフィクションを、まだ『ナンバー』の創刊される5年前に出版したり、A・ヴォール『近代スポーツの社会史 ブルジョア・スポーツの社会的・歴史的基礎』など、東欧社会主義国のスポーツ観に基づくスポーツ論の書籍を刊行するなど、単なるスポーツ出版社という範疇に収まらない「学術的」な色彩が感じられた。

その理由が、本書を読んで納得できた。

ベースボール・マガジン社を創立した池田恒雄が戦時中『野球界』という雑誌の編集に携わり、「敵性スポーツ」として様々な弾圧に遭遇。戦後になって『ベースボール・マガジン』を創刊すると、野球を通じてアメリカン・デモクラシーを代弁する雑誌として、精神医の内村祐之、仏文学者の辰野隆、英米文学者の中野好夫などの東大教授や、慶應義塾塾長の小泉信三といった学者を次々と執筆者に起用。大学とは異質の《「読むスポーツ」としての教養主義》を推進した。

自分は《ただの野球屋の親父じゃない》と語っていた池田が推し進めた新しい世界――《読書だけを行う「ガリ勉」ではなく》《スポーツにのみ没入する「体育会系」でもない》「スポーツ教養主

義」の展開だった。

しかし、スポーツ以外の出版物として、『朝日ジャーナル』を意識した『潮流ジャーナル』、『平凡パンチ』と競うべく売り出した『Ｆ６セブン』、さらに《出版界の空白を埋める》ため社会主義東側諸国の出版物に手を出した結果、それら売れ行きの伸びない雑誌や本のために会社は破綻。改めてスポーツに専念した出版社として再出発し、今日に至っている。

本書は大戦前後の日本のスポーツ出版事情を明解に描いた歴史書としても興味深いうえ、スポーツ出版物の世界を切り拓いた池田恒雄という異能の人物伝としても、大いに楽しめる一冊である。

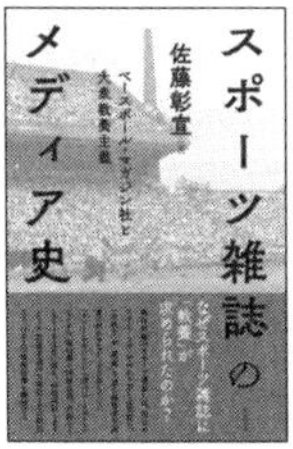

『スポーツ雑誌のメディア史 ベースボール・マガジン社と大衆教養主義』
佐藤彰宣・著
勉誠出版
３２００円＋税

スポーツに映し出されたアメリカという国の本質

『スポーツ国家アメリカ　民主主義と巨大ビジネスのはざまで』はアメリカで創り出されたアメリカ独自の〈アメリカ型スポーツ競技〉から、アメリカという国の本質を読み取ろうと試みた労作である。

南北戦争後、ヨーロッパとは異なる〈文化的独立を目指したアメリカ〉は、ベースボール、アメリカンフットボール、バスケットボールなどの競技を創造し、スポーツ文化として発展させた。それらは、中世的祝祭から一部のエリートが中心となって生み出したヨーロッパ型競技とは異なり、〈公正な競技を保証するルール〉に基づき、〈民主主義的〉な要素を多分に含むものだった。

すなわち試合は、ヨーロッパ型フットボールやボクシングのように一人の絶対的審判によって裁かれるのではなく、複数の審判の合議制によって進められ、出場選手も、一部のエリート選手だけでなく、多くの専門分野の選手（野球の代走《ピンチランナー》やアメフトのキッカーなど）が入れ替わり立ち替わり登場するものとなった。

そしてそれらの〈アメリカ型競技〉は、我が国のプロ野球のような親会社の広告媒体として存在するのではなく、地域社会（共同体）の「公共財」として存在し、〈人種の壁や性差別への挑戦の舞台〉ともなり、きわめて民主的な発展を遂げたのだった。

一方で商業主義的に肥大化するとともに、国内では大人気を誇るもののバスケットボールを除けば国際的には普及せず、〈大リーグとて世界的に見ればマイナースポーツ〉の域に留まっている。が、大リーグやプロバスケットボールのＮＢＡには、日本をはじめアジア諸国や中南米、ヨーロッパ諸国から大勢の外国人選手が参加。その姿は冷戦後のアメリカの〈多国籍軍の姿と重なる〉と著者は指摘し、〈プロスポーツの門戸開放は、国際化のようでいて、実際には「アメリカこそが中心であり、アメリカのやりたいようにやらせてもらう」というスポーツ孤立主義をより強化している〉と書く。

さらに現在のトランプ大統領を、〈自己顕示欲の塊〉で〈リング上でマイクを握るプロレスラーの姿と重なる〉との思わず吹き出してしまう的確な指摘も含め、スポーツというカルチャーに鮮やかに映し出されたアメリカを、最後に〈アンスポーツマンライクの（スポーツマン的ではない）国へと暴走しかねない〉と締めくくる本書は、見事な「アメリカ・スポーツ文化論」と言える。

『スポーツ国家アメリカ
民主主義と巨大ビジネス
のはざまで』
鈴木透・著
中公新書
８６０円＋税

スタジアムと「歴史」との密接な関係

ボールゲーム（球戯）には、丸い球（太陽の象徴）を奪い合って世界の支配者を決めた古代メソポタミアが起源のフットボール系の球戯と、丸い球を地上権力の象徴（棒＝錫杖）で打ち返して未来の世界（ナイル川の氾濫）を占った古代エジプトが起源のベースボール系の球戯とがあり、どちらも人類の歴史と深く関わっている文化である。

そして、それらの球戯が行われる場所であるスタジアムは、近現代の世界の歴史と密接につながっている。そのことを、本書ははっきりと教えてくれる。

19世紀、イギリスでルールを整えたフットボール。同時期アメリカでルールを整えたベースボール。それらを大勢の観客とともに楽しむ場として、モデルを古代ギリシアの「スタジアム」や古代ローマの「コロシアム（コロッセオ）」に求め、欧米では次々と巨大スタジアムの建設が始まる。それらは陸上競技や自転車など、他のスポーツやオリンピックとも合体して様々な形状のスタジアムを生み出し、世界各地へと広がる。

広大な敷地を要する巨大スタジアムは、工場や鉄道の跡地、都市の郊外の荒れ地、河川敷、湿地帯などに建設された。が、やがて都市は拡大し、その拡大を牽引するかのように、巨大なスタジアムは都市の中心に屹立《きつりつ》する建造物へと変身する。

そんなパワーに目をつけたヒトラーやムッソリーニなどの独裁者も、巨大スタジアムの建設を推進。やがて世界各地のスタジアムは政治と戦争に巻き込まれ、ナチスの党大会や日本の学徒動員出陣式に使われ、広い敷地に高射砲が据えられ、多くのスタジアムが戦禍に巻き込まれる。

そして現在、世界のスタジアムは、以前の「大艦巨砲主義」と言える「郊外型多目的巨大スタジアム」から、オフィスビル、レストラン、ショッピングセンター等を備えた「都市型専用スタジアム」に変わってきた。

日本でもそんな世界の流れに歩調を合わせたスタジアムも造られるようになってきている。が、はたして新しい国立競技場は……?

『世界スタジアム物語　競技場の誕生と紡がれる記憶』は「スタジアムの文化史」を知ると同時に、未だに残る日本の「ハコモノ行政」を考え直すことのできる好著である。

『世界スタジアム物語 競技場の誕生と紡がれる記憶』
後藤健生・著
ミネルヴァ書房
２５００円＋税

史上最高のチャンピオンとボクシング黄金期を描いた歴史書

本書は１９４７年のプロデビュー以来49戦全勝無敗43ＫＯという空前絶後の大記録を残したヘビー級世界チャンピオン、ロッキー・マルシアノの見事な評伝である。

ボクシング・ファンなら大興奮の連続。《原爆級のパンチ力》はあっても、技術的には荒削りで体格にも恵まれなかったロッキーが、必死になって頂点に上り詰める成功譚は、物語としても抜群に面白い。初の世界タイトル戦で形勢不利となった王者のジョー・ウォルコットの陣営が、グローブに唐辛子を塗り、目を潰されたロッキーは神に祈りながら必死に闘い、最後に必殺のパンチでノックアウト……というタイトルマッチの描写には、誰もが圧倒されるだろう。

しかし、ボクシングに興味のない人にも本書は興味深いアメリカ社会の過去を教えてくれる。

第一次大戦で負傷したイタリア系移民の父親は、東海岸のボストンに近い小都市で低賃金の靴工場での労働に明け暮れる。アイルランド系移民やユダヤ人などの若者が、人種の坩堝《るつぼ》のなかで一旗揚げるには、スポーツ選手として成功するくらいしか道はなかった。

そんな社会のなかでロッキーは、高校中退後第二次大戦の兵士としても失敗（暴力行為と窃盗で軍法会議にかけられ、有罪となる）。メジャーリーグのシカゴ・カブスへの挑戦にも失敗した彼は、母親の反対を押し切り、ボクサーとして頭角を現し始める。が、そこは、マフィアや賭博師が跳梁跋扈《ちょうりょうばっこ》する裏社会。

《歪んだ世界》で《母から強さを、父から自制心を受け継いだ》ロッキーは、不器用で無骨な闘い方のまま勝ち進む。その闘いはリングの外を支配するマフィアとの闘いでもあった。

世界王者となったロッキーは、アイゼンハワー大統領のホワイトハウスにも招かれ、ヤンキースのディマジオやマリリン・モンロー、ハンフリー・ボガート、フランク・シナトラなど、数多のスターたちの仲間入りを果たす。

なかでもモハメド・アリとの交流が興味深い。黒人差別とベトナム戦争に反対し、チャンピオンの座を追われたアリと、映像とコンピューターで対戦したロッキーは意気投合して《俺たち二人を見ろよ。仲良いだろう》と言いながら二人一緒にスラム街を訪れる計画を提案。アリも乗り気だったが実現しないまま1969年8月31日、ロッキーは46歳の誕生日の前日、チャーターした小型飛行機の墜落で亡くなった。

リング上では野獣のような凶暴さを見せたロッキーも、リングの外では《紳士的で、謙虚で、家族を愛し、子供を愛し、人生を愛した男》だった。

彼はボクシングについて、こんな言葉を残した。

《文明化されていくと、ボクシングは禁止され》るだろう。《私たちはグラディエーターのような存在になっているはずだ。歴史上の人物に》

本書は、アメリカのボクシング黄金時代を鮮やかに描いた貴重な歴史書と言えよう。

『無敗の王者　評伝ロッキー・マルシアノ』
マイク・スタントン・著
樋口武志・訳
早川書房
３０００円＋税

日本社会とアメリカと戦争と……多岐に渡り深い読後感を呼び起こすノンフィクション

素晴らしいノンフィクション作品を読むと、過去の歴史的事件がリアルな出来事として眼前に展開する。事件に関わった人々の息づかいまで感じられ、タイムマシンで運ばれたような迫力を感じるものだ。本書は、まさに、そのようなノンフィクション作品である。

1934（昭和9）年、アメリカ大リーグ・チームが来日。混成のオールスター・チームとしては31（昭和6）年に続く来日だったが、前回とはその価値が全く違った。それは世界の大ホームラン王ベーブ・ルースが加わったからだった。

そのスーパースターを参加させるため、読売新聞社長の正力松太郎をはじめ、日本の関係者が全力を挙げて招聘《しょうへい》に努力し、画策する。しかも、ルー・ゲーリッグ、ジミー・フォックス、チャーリー・ゲリンジャー、レフティ・ゴメス……など、綺羅《きら》星のごときメジャー・リーガーたちが勢揃いしての来日。銀座でのパレードには何十万人もの群衆が押し寄せ、「バンザイ、バンザイ」と叫ぶ声が轟いた。

しかし日米関係は、まさに開戦前夜。野球の試合に臨む日米の選手たち——ハワイ育ちのジミー堀尾や亡命ロシア人のヴィクトル・スタルヒン、好投して一躍ヒーローとなる沢村栄治や、スパイもどきの行動に出る大リーガーの捕手（モー・バーグという選手は東京のビルの屋上に上り、多くの写真を撮影。第二次大戦中のB25による東京初空襲に役立てたという）……など、著者は、様々な選手の思いや行動を詳述する一方、進展しない当時の日米交渉に悩むアメリカ大使グルー、クーデターを画策する軍部皇道派などの動きも記し、地方遠征で畳の部屋に悩む大リーガー一行の様子や、彼らを迎えた芸者の化粧の仕方（当時の流行で上唇のみに紅をさす）まで詳細に描く。

そして開戦。ルースは日本でもらった土産物をニューヨークのマンションの窓から投げ捨て、沢村は「憎きアメリカ」相手に銃を取って戦死。やがて終戦。焼け野原となった東京へ、戦前来日して日本のプロ野球創立にも尽力したレフティ・オドゥールが、サンフランシスコ・シールズを率いて再び来日。戦争では「バンザイ突撃」で「死ね！　ベーブ・ルース」と叫んで突っ込んだ兵士と同じ日本人が、野球復活の喜びの「バンザイ」を再び叫ぶ……。

原題は『バンザイ・ベーブ・ルース』。第二次世界大戦を挟んだ日米両国の関係や社会の様子など、多岐にわたり、じつに様々な深い読後感を呼び起こす見事なノンフィクション作品である。

『大戦前夜のベーブ・ルース 野球と戦争と暗殺者』
ロバート・K・フィッツ・著
山田美明・訳
原書房
２８００円＋税

「走る魅力」にあふれた「走る人類史」

ある生物学者と人類学者によれば《人類が猿に似た祖先から進化したのは、アフリカのサバンナで動物を狩るために長い距離を走らなければならなかったから》だった。つまり《走ることで人類は人間になった》のだ。

そこで民俗学と文化史を専門とするノルウェー人の著者は人間の「走る」という行為に着目し、面白い人類の歴史をまとめあげた。

古代メソポタミアやエジプト、それにマヤやインカでは、軍事以外に宗教儀式とも結びついた伝令が走り、王や神官も走った。古代ギリシアではオリンポスの神々のために走り、東洋では山岳信仰の修行僧が走り、やがて賞金目当てに走るギャンブル・ランナーや、走る姿を見せる芸人ランナーが現れ、それらを否定するアマチュアリズムと近代オリンピックが生まれ、現代社会のジョギング・ブーム、ランナーのプロ化、貧困からの脱出を目指すアフリカ人ランナーの台頭……と、「走る人類史」の概略だけを取り出せば、学校の歴史の授業と同様、少々味気ないものになってしまう。が、「賭けレースと時計の発明」「フランス啓蒙主義も走る」「スター、ビジネス、ドーピング」……などなど、興味深いタイトルで分けられた全25章には、ランニングの魅力と、その魅力に取り憑かれた人間の「業（ごう）」ともいうべき営みの面白さ、奥深さが手際よくまとめられ、一瞬も飽きさせることなく、400ページの大部を一気に読ませる。

そして読後は、フルマラソンを走りきったような……と言いたくなるほどの満足感。

《走り始めたときに人類になった》わたしたちは、《人類であり続けるために（略）走らなくてはならないのだ。肉体的、精神的な機能を停止した、機械での移動を強いられる怠惰な生き物になってしまわないように》。

この単純素朴な結論に、心の底から首肯できることこそランニングの魅力なのかもしれない。

本書は、壮大な「走る人類史」を描きながら、走ることの魅力を（問題点も含めて）余すところなく伝えている。

さて、わたしもちょっと走ってみるか……。そんな気を起こさせる一冊である。

『なぜ人は走るのか ランニングの人類史』
トル・ゴタス・著
楡井浩一・訳
筑摩書房
２７００円＋税

オリンピックに未来はあるか？

オリンピックは面白い。わたしも、オリンピックではいつも日本選手の活躍に興奮もし、多くのスポーツマンたちのパフォーマンスに感動もする。が、その国際的超ビッグ・スポーツ・イベントが、政治的にも経済的にもさまざまな問題を抱えていることも、周知の事実である。

しかも、それらの問題が――たとえば韓国の平昌大会で露骨に表面化した南北問題のような政治問題も、あるいは２０２０東京大会での運営費の高騰のような経済問題も、本書を読めば、それらが１８９６年、第１回オリンピック・アテネ大会以来、延々と続いている固有の問題であることがわかる。

もともとオリンピックは、教育者であるクーベルタン男爵が、普仏戦争に敗れたフランス国内でプロシア（ドイツ）に対する復讐の声が高まるなか、古代ギリシャのオリンポスの祭典をモデルに、スポーツによる休戦（反戦）と平和を訴えるイベントとして提唱された。ということは、戦争が「政治の延長」であるならば、反戦の主張も政治的にならざるを得ず、その時々の政治に巻き込まれるのは必然とも言える。

冷戦時代の西側諸国と東側諸国のボイコット合戦だけでなく、すべてのオリンピック大会が政治と無縁でなかったことを、本書は詳しく指摘する。そして肥大化が指摘されるようになる以前から、経済的危機にも常に見舞われていたことも。

しかし本書の著者は、五輪の未来を否定しない。

《ＩＯＣは権力にしっかりとしがみつき、特権ある人びとはオリンピックに便乗して私腹を肥やし、開催地の一般市民は大会のあとさまざまな形で隅に追いやられ、丸めこまれている》と書き、北京やソチで五輪を開催しても民主主義や人権に対する効果はなく、五輪開催地となった《民主主義国は専制主義になりがち》と書きながらも、東京五輪組織委員に《歴史にしっかりと目を向け、よくないところを改めていかねばならない》とエールを送る。

ＩＯＣ委員のジョン・コーツ氏は東京大会での開催費削減を求め、東京は《ＩＯＣの努力に貢献》するのが《大きな責務》と主張する。が、そのコーツ氏がシドニー五輪招致のときに、裏金と思しき7万ドルを二人のアフリカ人ＩＯＣ委員に配ったことも（そして42対40でシドニーが北京に勝ったことも）書かれている。

五輪の闇は深い。が、本書に書かれていることを反面教師として学ばなければ、オリンピックに未来はないだろう。

『オリンピック秘史
120年の覇権と利権』
ジュールズ・ボイコフ・著
中島由華・訳
早川書房
２２００円＋税

女心・男心……人間を描くため、肉体を描ききった本物の作家

かつて人見絹江という天才アスリートがいた。１９２８年アムステルダム五輪女子８００メートル銀メダルのほか、１００メートル、走り幅跳び、槍投げなど、あらゆる陸上競技で世界レベルの活躍をしたばかりか、文才にも恵まれ、新聞記者としても活躍。女子スポーツが珍しがられた時代に、海外遠征の費用を自ら工面して後進を指導するなど、日本陸上界に大きく貢献した。が、肋膜炎を患い、24歳で早世。

虫明亜呂無は短編小説『紅茶とヒース』で、この天才ランナーをモデルに、女になり切れなかった女の深い寂寞感《せきばくかん》を描いた。レースを競い合うなかで最も理解し合っていたはずのイギリス人女性アスリートの無自覚的な裏切り（彼女には親密な男性がいた）、同性愛（と思しき）の日本人女性との別れと再会、その女性を挟んで存在する男性との仕事上だけの付き合い。スポーツで偉業をはたしながら恋に恵まれなかった女性の短い人生ほど切ないものはない……。虫明は穏やかな筆致で、その悲しい物語を淡々と描いた。

あるいは巨人軍の悲運のエース沢村栄治を、妻の目から描いた短編『風よりつらき』は、よくもここまで女性の心理を細微に描いたと驚くほかない佳品である。《男は何回、この世に甦ることだろう。／栄治は野球がさかんになれば、ますます、この世に復活し、やがては、永遠の生命をかちえるにちがいない。／でも、女は恋をしたときしか生きていない》

虫明も、この文章を書いている小生も男性であり、この表現は、あるいは「男の勝手な思い込み」

ではないかと、何人かの女性に確認したところ、ある女性はニコリと微笑み、また別の女性は深く溜息をつき、すべての女性が虫明の文章に我が意を得たりと肯いた。

さらにラグビーを通して男女関係の機微を描いた『冬の闘魚』、スキーと女性との関わりを軸に二人の男の人生を描き分けた『青い旗門』など、どの短編もスポーツが傍に存在しているだけに、心の動きが肉体的な実感として、よりリアルに伝わってくる。

なかでも徳島県立池田高校野球部を率いて全国制覇した蔦監督を実名で描いた短編『日本少年』は、地元の野球少年を率いて何度か甲子園に出場し、話題にはなるが優勝できず、「悲運の名将」と称された監督の初優勝の瞬間を、見事に描ききる。それは全国から蝟集《いしゅう》した優秀な球児たちの打棒爆発による優勝であり、虫明の描いた蔦文也は優勝目前の試合中、イニングごとに苛々と煙草を何本も吸い、ただ《試合が迅速に終了していくことだけを願》い、戸惑うのだ。それは芥川龍之介が描いた『或日の大石内蔵助』と同様、俗界（マスコミ）の賛辞とは異なる真実を見通す作家の鋭い視線の賜《たまもの》というほかない。

ほかに女性の「性」と「肉体」を通して、女性の心理を真正面からエロチックに描いた表題作など全七編、三島由紀夫が「最後の浪漫派」と呼んだ作家の傑作短編の復刻は、痩せ衰えた数多くの現代日本のスポーツ小説やスポーツ・ノンフィクションに飽き足らない読者を満足させるに違いない。

『パスキンの女たち』
虫明亜呂無・著
清流出版
１８００円＋税

不世出の野球人ならではの述懐

人が歴史を創るのか？　歴史が人を産み出すのか？　それは、シーザー、ナポレオン、信長、秀吉、家康以来のテーマとも言える。しかしわたしは、「人が歴史を創る」と断言できると確信している。とりわけスポーツの世界では……。

本書は、終戦以来、日本の野球界の歴史を半世紀にも渡って牽引してきたスーパースター長嶋茂雄の「自伝」である。

《自伝を書くとフィクション（創作）だと言われ、フィクション（小説）を書けば自伝と言われる》とは、作家フィリップ・ロスの名言だが、ミスタープロ野球の自伝には「創作臭」など微塵もない。野球が大好きな人物が、ひたすら野球に打ち込む姿だけが滲み出ている。

それだけに、書かれていない部分も多い。立教大学から巨人入団時の事情、最初の巨人監督解任時の軋轢、そして江川事件……。その折々で様々に錯綜した事情があったはずだが、《野球という人生》を生きた人物は、それらをすべて割愛した。それは当然のことで、ユニフォームを着てグラウンドを駆ける姿こそ美しかった人物には、プレイ以外のことは重要ではないのだ。もっとも、今後の日本の野球人が同じ考えでは、日本野球の発展はあるまい。

おそらく日本で最初に《大リーグでプレイしたい》と思ったスーパースターが、いまは《日米間で、自由に選手がピックアップされ、草刈り場になっていること》に、《一抹の寂しさ》を感じている。それはひとつの時代を創った人物の述懐であり、未来の日本野球は、そんな感傷など無視して新たな時代を築く以外ない。

自分は《アウトロー的》と書きつつ、グラウンド外では組織の壁を破れなかったミスタープロ野球は、何より《ファンの方に楽しんでもらわなくてはいけない》と考え、実践もしてきた。その姿勢は見事だが、そこには「ファン」でなく「サポーター」という発想は存在しない。そんなことを考えつつ本書を読めば、前の時代の不世出の野球人が、さらに愛しくも思えてくる一冊である。

『野球は人生そのものだ』
長嶋茂雄・著
日本経済新聞出版社
１６００円＋税

2020　震災復興東京五輪はどうなる……？

　オリンピックの陸上競技では、いつも「黒人選手」の活躍に目を奪われそうだが、川島浩平著『人種とスポーツ』（中公新書）は、誰もが思う「人種論」のナンセンスさを教えてくれる。

　たとえば400mリレーでは、日本記録よりジャマイカ記録のほうが、もちろん速い。が、ドミニカ記録よりは日本記録のほうが速い。それはジャマイカの「黒人」の多くが陸上競技に励んでいるのに、ドミニカの「黒人」は野球をやっているからだという。

　またマラソンや中長距離走で世界記録を独占するケニアやエチオピアの「黒人」は、ごく一部の地域に暮らす特定の部族の出身者で、その部族特有の長い距離を走る生活文化（経済活動としての牛泥棒＝集団ごとに牛を奪い合って一晩中走って逃げる行為を繰り返す）が影響を与えている、と考えられるという。

　とはいえ、遺伝的要因によって優れた運動能力を生み出す資質が共有されるとしても、その影響力は一般に想定されているよりもはるかに小さいものらしい。しかも歴史や文化や地理的条件等によって種類の異なる民族や部族は、ユーラシア大陸よりもアフリカ大陸のほうが、はるかに多く存在する。その違いを無視して「黒人は運動能力が……」と一言で語ることこそ、ナンセンスなのだ。

　小川勝『オリンピックと商業主義』（集英社新書）は第一回アテネ大会以来の五輪を収支決算で振り返る。そして入場料収入（個人の金）よりもテレビ放送権料と公式スポンサーの協賛金（企業の金）の割合が上回り、「商業主義」に走ったとされる84年ロス大会も、黒字が出たのは「商業化」の結果ではなく、支出を減らしたからと総括。実際、モントリオールやモスクワと同じ支出ならロス大会もやはり「大きな赤字」だったと、組織委員長のユベロスの手腕を的確に再評価している。

そして、その後の国際オリンピック委員会（ＩＯＣ）のマーケティング、放送権料の急騰、大会の肥大化なども詳しく検討した本書は、「オリンピック商業化」の過去の歴史を詳しく教えてくれる。

では、未来のオリンピックは、どうなるのか？

２０１２年のロンドン大会で、英国放送協会（ＢＢＣ）は３Ｄ中継やネットＴＶによる全競技中継を計画。ＩＯＣは「アスリート・ハブ」と題した交流サイト（ＳＮＳ）を開始。ボルトや北島らがＩＯＣ管理下のツイッターやフェイスブックで、世界中のフォロワーと交流しはじめた。

このようなデジタル映像、ソーシャルメディアがさらに発展するに違いない２０２０年、２度目の五輪を開催する東京は、どんな大会を目指すのか？

フォート・キシモト、新潮社編『東京オリンピック１９６４』（新潮社）は「戦後の復興」を世界にアピールした当時の写真や文章を集めている。

開会式を見て「二十年前のやはり十月、同じ競技場に私はいた。出征してゆく学徒兵たちを秋雨のグラウンドに立って見送った」と書く杉本苑子は「オリンピックの意義が、神宮競技場の土にたくましく根をおろしてくれることを……」と結んだ。

他に、石川達三、武田泰淳、三島由紀夫、北杜夫……など大勢の執筆者が、華やいだ興奮や静かな喜びに満ちた文章を寄せている。それから半世紀を経て、「震災からの復興五輪」でも、同様の輝きや喜びにあふれた文章が並ぶだろうか？

高杉良『祖国へ、熱き心を　東京にオリンピックを呼んだ男』（講談社文庫）は、ロサンゼルス在住の日系2世・フレッド和田の評伝小説。

戦前の貧困や太平洋戦争の苦難に挫《くじ》けず、戦後は青果商としてスーパーの経営に成功し、フジヤマのトビウオと呼ばれた日本水泳陣のアメリカ遠征を支援。東京五輪招致でも私費を投じて南米各国を訪問し、ＩＯＣ委員の説得に心血を注いだ。

「戦後の復興五輪」の成功の裏には、このような無私の精神を貫く見事な「昭和の男」が存在していた。はたして今の日本に「第2のフレッド和田」を生み出す力はあるのだろうか……？

『人種とスポーツ　黒人は本当に「速く」「強い」のか』
川島浩平・著
中公新書
８４０円＋税

『東京オリンピック 1964』
フォート・キシモト／
新潮社・編
新潮社
１４００円＋税

『オリンピックと商業主義』
小川勝・著
集英社新書
８２０円＋税

『祖国へ、熱き心を
東京にオリンピックを呼んだ男』
高杉良・著
講談社文庫
８５０円＋税

日本経済新聞「今を読み解く」（２０１２年７月８日）を元に加筆修正

2020　東京五輪のレガシーは何か？

「オリンピック」や、その「遺産《レガシー》」について語るのは難しい。

スポーツだけでなく、都市の大改造も含み、戦争や災害からの復興まで唱えられ、政治も動き、経済にも影響を与え、しかし人々の生活に直結した「何か」があるかと考えてみれば、特に何も思いつかず、ただ4年に1度の祭りと喧騒《けんそう》の2週間が過ぎ去るだけ？

オリンピックとはいったい「何」なのか？　それを考え直すためには、まず過去を振り返るべきだろう。カルロス矢吹著『アフター1964　東京オリンピック』（サイゾー）は64年の東京五輪に関わった12人にインタヴューした一冊。

陸上10種競技で出場したあとプロ野球史上初の野球経験のないコーチとして巨人に入団、トレーニングコーチの重要性を広めた鈴木章介。在日の柔道家として天理大学に学び、韓国代表として中量級銅メダルを獲得、英語で交渉できる人材がいなかった日本の柔道界を嘆く金義泰《キム・ウイテ》。事故で脊髄を損傷し、寝たきり状態から車椅子でパラリンピックに出場、障害者は街へ出ることが大事だとわかったと話す近藤秀夫……など内部からの発言はどれも傾聴に値する。

メルボルン、ローマ、東京と女子飛び込みで3大会連続五輪に出場した馬淵かの子は、「東京五輪は失敗だった」と断言する。「東京五輪まではお金がたくさん出て海外遠征もたくさんさせてくれたのに終わった途端にカターンとなくなって」「〝東京五輪さえよければ〟という考えで（略）強化費を使ったんでしょうね」

石坂友司／松林秀樹『一九六四年東京オリンピックは何を生んだのか』（青弓社）は日本のスポーツ界の変化と、都市（東京）と社会の変化という視点から64年五輪を捉え直す。

女子バレーの「東洋の魔女」は大会後の「ママさんバレー」の流行につながったが、ともに「ジェンダーを打破する局面と固定的な女性の生き方を踏襲する局面が混在していた」こと、大松博文監督の「根性論」が高度成長時代の社会に「愛国的な企業戦士」の育成へと絡《から》め取られる様子などを指摘する。

また64年五輪で「東京の空が青かった」と空を見上げた人の多い原因として、施設の多くが旧皇族華族の土地や軍用地などの接収から生まれたことを指摘。「レガシーと呼べるものがもしあるとするならば、それは、権力的基盤に基づきながら、むしろ自由で開放的な空間を人々へと提供していく逆説」にあった、と興味深い結論を導く。

さらに島田哲夫著『スポーツ哲学入門　オリンピック・レガシーのために』（論創社）は、常に忘れがちな「スポーツとは何か」という根源的命題を問い直す。そして2020年の東京五輪を「開催すべき最高善の大会」とは捉えず、西洋のスポーツの歴史、近代スポーツの成り立ち、現代スポーツの状況のすべてを検討する。そのラジカル（過激で根源的）な思考の末には、「そもそもスポーツは非日常的なゲーム、フィクションであり、自分なりの関心を持ち」「オリンピック大会のような大げさなイベントに無理矢理関わらせられるよりも（略）自分にとって最も関心のあるスポーツ、自分の生活に最も密接しているスポーツに自由に関わることが、はるかに『健康的』である」との極めてナチュラルな結論に達する。

その意味では、今世界の舞台で大活躍しているアスリートこそ「自由に健康的」にスポーツと関わっていると言えるかもしれない。島沢優子著『世界を獲るノート―アスリートのインテリジェンス』（カンゼン）は卓球の伊藤美誠や柔道の朝比奈沙羅のほか、多くのコーチへのインタヴューを通して日本で最先端を歩むアスリートたちが、諸問題の言語化や可視化を通して高いレベルのスポーツをプレイしていることを伝える。

64年五輪の翌年「体育の日」という「スポーツ」を「誤訳」して生まれた国民の祝日は、２０２０年からは「スポーツの日」に名称が変わる。言葉の変化だけでなく知育も徳育も、そして体育も含むスポーツ文化を生み出すことこそ２０２０東京大会の遺産にしなければ。

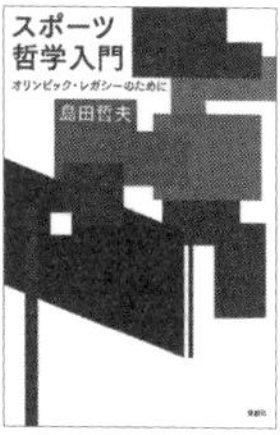

『スポーツ哲学入門　オリンピック・レガシーのために』
島田哲夫・著
論創社
１５００円＋税

『アフター１９６４　東京オリンピック』
カルロス矢吹・著
サイゾー
１６００円＋税

『世界を獲るノート　アスリートのインテリジェンス』
島沢優子・著
カンゼン
１６００円＋税

『一九六四年東京オリンピックは何を生んだのか』
石坂友司／松林秀樹・著
青弓社
２８００円＋税

日本経済新聞「今を読み解く」（２０１９年7月13日）を元に加筆修正

「何」なのか？

第3章

オリンピックとは

近代オリンピックを創設したのはクーベルタン男爵。プロシア（ドイツ）との戦争に敗れたフランス国民の多くが復讐を唱えたとき、彼はスポーツによる平和を主張。五輪はメダル争いじゃないのですね。

１９６４から2020へ　二度目には何をするべきか？

１９６４年の東京オリンピックのとき、小生は12歳の小学6年生。そして生まれ育ったのが、京都の祇園町にある小さな電器屋だった。このふたつの偶然は、私個人にとって最高に幸運な出来事と言えた。

12歳という年齢は、まだ心の襞《ひだ》も十分に柔らかく、周囲の出来事を素直に受け入れることができた。しかも、まだ中学生にもなっていない少年は、クラブ活動に時間を奪われることもなく、自分のやること以上に周囲の出来事に目を奪われる時間が十二分に存在した。そのうえ電器店を営んでいた我が家には、当時京都市に3台しか存在しなかったカラーテレビのうちの１台が、自分の家の店先に鎮座していたのである。

松下電器（現在のパナソニック）が、当時のサラリーマンの初任給（約1万円弱）の23倍にもなる価格で売り出した「ナショナル人工頭脳カラーテレビ」で、東京オリンピックの開会式を見るため、町内の人々が50人以上、我が家の店頭に押し寄せた。狭い店で押すな押すなのすし詰め状態のなか、わたしは電器屋の長男坊として、子供用に二列に並べられた六脚くらいの折り畳み椅子の最前列のど真ん中の席に座り、「世紀のイベント」を目にしたのだった。

現在のテレビ受像器に較べればはるかに小さな16型とはいえ、そこに映し出された光景は圧倒的な色彩と迫力で迫ってきた。誰もがそのカラー映像に目を奪われて静まりかえるなか、ＮＨＫのアナウンサーの声だけが響いた。

「先頭はギリシャ。旗手はジョージ・マルセロス君。紺地に白のギリシャ国旗が、いま国立競技場の真っ赤なアンツーカーの上に映《は》えます」「小さな国に大きな拍手。アフリカ、カメルーンはたった二人の行進であります。健気であります。まったく健気であります……」

　そのときわたしは椅子に座ったまま振り向き、子供たちの背後を取り囲むように立っていた大人たちのなかにいた父親に向かって、「ケナゲって、どういう意味？」と訊いたのをいまも憶えている。そのとき目に飛び込んできた光景は、かなりショッキングなものだった。大人たちは誰もが涙を流していた。顔は笑っていたが、誰もが溢れる涙を手の甲で、あるいはハンカチや日本手ぬぐいで拭《ぬぐ》っていた。笑いながら泣いていた父親が、そのときどんな答えを返してくれたのか、それはまったく記憶に残っていない。わたしは、大正生まれの大人たちの涙と笑顔の意味がわからないまま、黙って顔をカラーテレビの画面に戻したのだった。

　いまでは、もちろんその意味がわかる。我が父親は帝国陸軍軍曹として日中戦争に三度応召され、顔面と肩と足に三箇所の銃創《じゅうそう》を負った。そんな戦争が終わってから、まだ19年しか経っていないというのに、色とりどりの鮮やかなユニフォームに身を包んだ人々が世界中から集まり、晴れがましく歩く姿をカラーテレビで見たのである。戦地であれ内地であれ、誰もが言葉で言い表せないような辛酸と苦労を味わったあとでの平和の祭典に、涙を流さないほうが不自然だろう。

　１９６４年東京オリンピックのカラーテレビの前での「体験」は、のちにスポーツライターとしてさまざまなスポーツに関する記事や評論を書くことを生業《なりわい》とするようになったわたしにとって、常に「原点」として存在し続けた。開会式だけでなく、その後の2週間、テレビを通して「経験」した数々の競技も同じ。女子バレーボールの金メダルや１００ｍボブ・ヘイズの激走、マラソンのアベベの哲学者のような顔や女子体操チャスラフスカの美しさ……など。それらの出来事は、近所の人々の驚きに満ちた喜怒哀楽の反応とともに、自分の職業にとっての「基点」になったと確信できる。

もっとも、「愚者は経験に学び、賢者は歴史に学ぶ」という言葉もある。町の電器屋だった我が家にカラーテレビが出現した時代とは、どんな時代だったのか？　戦争が終わり、日本が独立を回復し、高度経済成長と呼ばれる社会が幕を開けた裏には、どんな経緯が潜んでいたのか？　『東京は燃えたか　オリンピック１９４０-１９６４-２０２０』（塩田潮／朝日文庫）は、そんな「時代の波（歴史の実相）」を解き明かしてくれる。

そこには、互いにまったく関係のない「四つの注目すべき出来事」が存在した。すなわち、のちの「所得倍増計画」につながる「月給2倍論」。皇太子と正田美智子（現上皇と上皇后）の「世紀のロマンス」。「夢の超特急」と呼ばれた東海道新幹線の工事開始。そして、「東京オリンピック」である。

さらに著者の塩田潮氏は、第二次大戦前後の「歴史の流れ」が、けっして分断されたものではないことも見抜き、幻と消えた戦前の皇紀２６００年（１９４０年）の東京オリンピックにも触れたうえで、次のように書く。《戦後のＧＨＱによる公職追放は、世の中の人材の入れ替えという面で画期的な役割を果たした。旧体制下の指導者群が一掃され、空いた席を二段跳び、三段跳びで浮かび上がった新人が占めた。その中には、もともと指導者となりうる実力と資質を持ちながら、戦前の

体制になじめず、長い間、逼塞と沈潜を余儀なくされてきた人たちもいた。》

さらに著者は、高度経済成長を導いた人物、新幹線建設や東京オリンピックの実現に情熱を傾けた人物に焦点を当てる。彼らは《全員が明治の生まれである。壮年期を迎えて敗戦に遭遇するが、戦争や敗戦など、若いころから辛酸を舐めてきた明治生まれの人たちは、へこたれずにもう一度、立ち上がったのだ。》

＊

そして２０２０年には、二度目のオリンピックが開催される。はたしてそれは、どんなオリンピックになるのか？

１９６４年には、オリンピックで行われたスポーツも、「体育」という認識でしか捉《とら》えられなかった（だから１９６４年の東京五輪のあと「体育の日」が生まれた）。しかし２０２０年のオリンピックでは、それを契機に、スポーツが体育だけでなく、知育も徳育もふくむ「真のスポーツ」として認識されるようになればいい、とわたしは考えている。それによって体育会系モーレツ・サラリーマンが号令一下、命令に従って活躍した高度成長時代ではなく、一人ひとりのアスリートが自分のアイデアや判断を駆使して活躍するＳＩ（スポーツ・インテリジェンス）の時代が訪れることを期待しているのだ。が、しかし……。

１９６４年の東京五輪が幕を閉じた直後に、作家の菊村到氏は次のような面白い文章を書き残した。開催する前には賛否両論が渦巻いたオリンピックだったが、《やはりオリンピックは、やってみてよかったようだ。富士山に登るのと同じで、一度は、やってみるべきだろう。ただし二度やるのはバカだ》（講談社・編『東京オリンピック　文学者の見た世紀の祭典』）

東京オリンピックのあとには、二度目の札幌冬季五輪も計画されているらしい。「黄金の60年代」の「夢をもう一度」というわけではあるまいが、一度目の東京オリンピックの翌年には、「五輪不況」と呼ばれる不景気に見舞われ、企業の倒産が続出。税収が落ち込み、倒産対策のために戦後初めての赤字国債が、第二次補正予算で2590億円発行された。その「国の借金」が積もり積もって、いまでは1000兆円を突破。そのきっかけが東京オリンピックだと言えるのかどうか、わたしにはよくわからない。

が、二度目のオリンピックや、その他の二度目の「黄金の60年代再現計画」に対して、「やっぱりバカだった」などという声が出ないためにも、本書をじっくり読み直して、「二度目」には何をするべきなのかを、歴史のなかから考え直してみたいと思う。

朝日文庫　塩田潮・著『東京は燃えたか』（2018年12月30日刊）に収録の解説を元に加筆修正

映画『東京オリンピック』は何を残したのか？

未来永劫語り継がれるに違いない史上最高の「スポーツ記録映画」——市川崑監督映画『東京オリンピック』——。製作費3億7000万円、103台のカメラと232本のレンズ、500人余のスタッフで撮影された40万フィート（70時間分）のフィルム。そうして「創られた」映画を再検証してみたい。

わたしが市川崑さんに初めてお会いしたのは1991年12月。当時、ベルリン・オリンピック（1936年）の記録映画『オリンピア』（民族の祭典・美の祭典）を撮ったドイツの女流映画監督レニ・リーフェンシュタールさんが、日本で自伝を上梓されたのを機に来日。旧知の二人の対談で司会を務めてほしいと招かれたので、大喜びで某出版社に足を運んだ。

映画『東京オリンピック』の製作にあたって、崑さんはレニさんの名作を大いに参考にし、また手本にもしたという。レニさんは戦前、女優やダンサーとして活躍したあと映画監督に転身。ナチスの宣伝映画『意志の勝利』を製作したことで、戦後戦犯として裁かれたりもした。当時89歳で写真家として高く評価された彼女は、新たにスキューバダイビングのライセンスを取得し、地中海の海底撮影に挑んでいた「スーパーお婆さん」だった。

そんなレニさんが、崑さんに向かって『オリンピア』撮影時のエピソードを次々と披露。棒高跳びの撮影は試合が終わってから競技場に新たに大量の照明装置を設置して撮り直す予定が、アメリカと日本のメダリストが祝賀会に赴き呼び戻すのに大変だった……とか、マラソン優勝の孫基禎選手（当時日本の占領下にあった朝鮮半島の選手で日の丸を胸に優勝）には、練習時に首からカメラをぶら下げてもらって走る足元を映したり、ランニング姿を併走するクルマから延ばした竹竿の先のカメラで頭上から捉えたり……、さらに陸上競技の選手の姿を、空を背景に下方から捉えるため、カメラを設置した穴に選手が落ちて、五輪関係者と喧嘩になったこと……などなど、レニさんは老いてなお素晴らしい美女としか言いようのない美しい笑顔を輝かせながら語り続けた。

わたしは、頭の隅っこに「ヤラセ」という言葉を思い浮かべながら、「崑さんもいろいろやられたのではないですか?」と訊いてみた。

　すると、こんな答えが返ってきた。

「レニさんほどには別撮りはしていないな。試合会場以外で別に撮影した競技は体操のチャスラフスカ選手の演技だけ。彼女の姿があまりにも美しかったので、きちんとした照明で撮り直した。あとはマラソンで銅メダルになった円谷選手。国立競技場に10台以上のカメラを配置したのに、誰も彼の表彰台でのアップを撮れなかったので、後日彼の宿舎のあった自衛隊の朝霞駐屯地で、胸にメダルを掛けてもらってアップを撮った。それくらいかな」

　それに、富士山も……とわたしは口を挟んだ。70㎜シネマスコープの銀幕の左右いっぱいに雪をいただいた巨大な富士山が雄々しく映り、その前を聖火ランナーが走る。しかし聖火が富士山周辺を走ったのは9月上旬。まだ雪はなかったはずだった。すると崑さんは、笑いながらこう言った。「だって富士山に雪がなきゃオカシイだろ」

　思わずわたしも吹き出しながら、さらに質問を続けた。

　体操の床競技で選手の靴が床と擦《こす》れるキュッキュッという音や、鉄棒の大車輪でブーンブーンという音が入ってるのは「ウソ」ですよね。わたしは思わず口にしてしまった「ウソ」という言葉に、自分でもたじろいでしまったが、崑さんは何事もなかったかのように平然と答えた。

「当たり前じゃないか。SE（sound effect＝効果音）もBGM（back ground music＝背景音楽）も映画にはなくちゃならないものでしょ。僕は映画を創ったんだよ。映画に記録映画も芸術映画もありゃしない。ドキュメンタリーもドラマもありゃしない。僕は映画を創ったんだよ。映画を」

このときの崑さんの言葉は、あきらかに『東京オリンピック』完成時に日本中を巻き込んでの大論争となった「記録か／芸術か」という問題の延長線上にあるものだった。

問題の発端は、東京五輪の翌年に完成した映画『東京オリンピック』の試写を見た、その当時の国務大臣で五輪担当の河野一郎氏の次のような発言だった。

「あれは芸術かもしらんがオリンピック外伝だ。後世への記録映画なのだから芸術性のために記録が犠牲になっては困る。（略）初めから終わりまでいいとこなし」（サンデー毎日「オリンピック映画を見た１００人の意見」１９６５年3月28日号＝以下同）

この河野発言をきっかけに賛否両論が渦巻くことになったのだが、「記録性がない」という多数の声に加え、山口瞳、五味康祐をはじめ、当時の高名な作家諸氏が、次々と「映画としても失敗作」と舌鋒鋭く非難した。

「オリンピックは本来勝利者の歌で綴《つづ》るべきもの。それを市川君は負け犬の精神で作っている」（武智鉄二氏）

「市川君のスポーツに対する不感症と感傷主義を露呈しているのには失望した」（舟橋聖一氏）

「あんなものが芸術だといわれては片腹痛い。彼は楽屋裏と道具方ばかり見せた。観客は客席から見たかったんだ」（五味康祐氏）

「これは悪しき素人主義であり、過った人間の描き方である。（略）砲丸投げの球が地面に当たればドスンと音がする。ハンマー投げの球が軟弱なグラウンドに落ちれば、地中にのめり込む。そんなことをどうしてあんなに面白がるのか。ハードルで負けた依田（註：郁子。80mハードルでメダルを期待されながら5位に終わった女子選手）は、レース前にコースを箒《ほうき》で掃き、口笛を吹き、ゴリラのように歩くところを撮られている。この人たち（註：映画撮影スタッフ）は依田が吉岡（註：隆徳。かつて「暁の超特急」と呼ばれた世界的短距離走者で依田選手のコーチ）と過ごした長い苦しい歳月を理解しようとしないのだ。依田の口笛が『人生劇場』（註：当時流行した演歌）であることを発見したのが、そんなに嬉しいのか。バレーの藤本（註：佑子。女子バレーボール代表選手の金メダリスト）はちょこまかと動き回って（註：汗の落ちた床を（註：モップで）拭く。この人たちは彼女の絶妙なレシーブを理解できないのだ」（山口瞳『新入社員諸君！』角川文庫）

長々と「市川崑批判」を引用したのには理由《わけ》がある。というのは公開当時中学1年生だったわたしは、映画『東京オリンピック』を見て大感激したのだが、その感激の大部分が山口瞳氏の大批判の部分だった。

依田選手の口笛も、藤本選手のコミカルな動きも、オリンピックの決勝という大舞台での出来事であることを思うと、スポーツというものは何と人間のありのままの姿を引き出すものであるかということに驚嘆しないわけにはいかなかった。そのような驚きや仕掛けを、崑さんは随所に散りばめていたのだ。

開会式の入場行進が行われている国立競技場の片隅で、突然身を寄せて語らい合う外国人カップルの姿が挿入されたりもしている。あるいはトイレの前で赤ん坊を背負った母親が、もう一人の子供の世話をしている姿が映し出されている。世紀の祭典とはいえ、それ以上に「重要な日常」もあることを崑さんは描き入れたかったに違いなかった。

そもそも記録を重視せずに、選手という人間のアップの「姿」を中心に描いたのは、スポーツ（の勝者）を「絶対化」するのではなく、スポーツそのものを「相対化」する試みと言っていいだろう。スポーツを、あるいはオリンピックを、無前提的に素晴らしいものと捉えるのではなく、スポーツという営みに挑戦した人々から滲《にじ》み出てくる「人間ならではのエキス」のようなもの、それを映像に拾い集めたもの——それが映画『東京オリンピック』と言えるのではないだろうか。

「スポーツに蘊蓄《うんちく》のある人にはもの足りなかったかもしれない。だけど写されているのはスポーツそのものなんですよ。スポーツ・ファンだけの映画じゃないということです」（市川崑・森遊机『市川崑の映画たち』ワイズ出版）

崑さんは、ふだんは主にニュース映画を撮っている大勢のカメラマンに対して、「アップを撮れ！アップがほしい！　頭と顎が切れるくらいの顔のアップがほしい」と繰り返し命じたという。カメラマンへの指示として作成した絵コンテにも選手の顔や身体のアップが数多く描かれ、開会式のシーンでは客席で靴を脱いで長椅子に立って背伸びする女性のストッキングを履いた足元のアップや、警備で職務中の警察官たちが開会式の行進を覗き込む後ろ姿まで描かれ、それがそのまま映像となっているのだ（昭和30年代、日本人は競技場の椅子に登って立つときは靴を脱いだのですね）。

また１００ｍ決勝でスタートラインについた選手が、神経質に小刻みに唇を動かす顔の様子も絵コンテに描かれており、そのまま映像となっている。これなどは、予選や準決勝で気づいた選手の様子を、崑さんが絵コンテに取り入れてカメラマンに指示したのだろう。

もちろんスポーツの場では思いも寄らぬ期待をはるかに凌駕するハプニングもあった。女子バレーボールの決勝で日本の優勝が決まった瞬間、コート内で大喜びして抱き合い、跳びはねる選手たちとはまったく無縁に、大松博文監督だけはひとり呆然と立ち竦《すく》み、力なく腰をベンチに落とした。その瞬間、現場にいた崑さんはカメラマンに駆け寄り、「まわせ、まわせ！　カメラまわせ！　彼を撮れ！」と押し殺した声で叫んだという。

そして柔道無差別級では、日本の神永昭夫選手がオランダのヘーシンク選手に押さえ込まれた瞬間、翌日の新聞などでは「お家芸敗れる！　日本中が涙！」などと騒がれた場面で、敗れた神永選手が美しい笑顔で勝ったヘーシンク選手を讃えて握手する姿が映し出されていた。

あのときの神永さんの笑顔、素晴らしいですね、と言うと、崑さんはニコリと笑って「カメラマンの力だよ」と言われたのを、いまも憶えている。

さらに見事な閉会式。当初は国別に選手が整然と行進する予定だったのが、国旗だけの行進に続いて各国の選手たちが入り乱れてどっと競技場に雪崩れ込んできた。このときも崑さんは、国立競技場の客席を走り回って何人ものカメラマンに、「まわせ！　まわせ！」と叫んでまわり「カメラマンの力のおかげで素晴らしい映像になった」という。

公開当時は様々な批判に曝《さら》された映画『東京オリンピック』だったが、その評価は年を重ねるごとに高まり、いまでは世界的にも「史上最高のスポーツ映画」とも評価されている（わたしがインタヴューしたことのある映画『メジャーリーグ』の監督で、『スティング』でアカデミー脚本賞を受賞したデヴィッド・S・ウォード氏もそう断言していた）。

と同時に、1964（昭和39）年当時の東京の汚れた街（当時の東京は「汚穢《おわい》都市」とも呼ばれていた）の姿や、公害（大気汚染で赤茶けた空の色）の様子、そしてそこから始まった新しい建設の槌音まで、映画『東京オリンピック』は、その「時代のすべて」を見事に捉えた「記録映画」とも言える。

そんな映画の出発点となったのが映画『東京オリンピック』のシナリオで、これは当時の組織委員会から、どんな映画になるのか概要を知りたいので……と提出を要請されたものだった。崑さんも当初は、ドキュメンタリー映画にシナリオが必要なのか？　また、可能なのか？　と訝《いぶか》ったというが、和田夏十（脚本家・市川崑夫人）、白坂依志夫（脚本家）、谷川俊太郎（詩人）の各氏の協力を得て脚本を作成した結果、「自分のスポーツやオリンピックに対する考え方を深める意味で、非常に役立った」という。

そのシナリオには次のような一文がある。

「この映画は純然たる記録であって、しかも単なる記録に止めてはならない」「現在のわれわれに欠けているものは、つくりものを尊ぶ気風である」「尊いのはほんもので、つくったものはまやかしだという信仰をこっぱみじんに砕かねばならない」「われわれはこの映画を創作する」のであり「この映画を観る人には、人間のすばらしさとかなしさを！」

この「戦闘的」とも言える「映画づくり」のマニフェストに基づいて映画『東京オリンピック』は創られたのだった——。

＊

駒沢競技場でのサッカーの撮影に同行した折、崑さんは思いがけない情景と遭遇した。和服姿の年配の女性が10人あまり、日の丸の描かれたチケットを手に崑さんの傍に近寄り、こう言ったのだ。

「すいません。お尋ねしますが、オリンピックは何処《どこ》でやっていますでしょうか?」

日本中がオリンピックに沸き立ち、婆さん方も（おそらく）もらったチケットでオリンピックに来てみたところが、目の前では男たちが、ただボールを蹴り合っているだけ……。

崑さんは、この一件以来「オリンピックとはいったい何なのか?」と考え続け、シナリオにはなかった最後の一文で映画『東京オリンピック』のエンディングにしたという。

「人類は4年ごとに夢を見る。この創られた平和を夢で終わらせていいのであろうか」

わたしは、このエンディングだけが少々不満だった。批判するほどのことではないが、映画のなかでスポーツの素晴らしさ、美しさ、楽しさ、そして悲しさ……が見事に描かれ、オリンピックのすべて、東京の街や時代のすべてまで描かれ切ったのに、この一文だけは何かとってつけたような感じが否めなかったのだ。長年そう感じていたところへ、同じような思いに囚われていた人物の見事な発言と出逢った。

「（あの一文は）オリンピックをどう位置付けたらいいかわかんなくて、棚上げにした結果だと思うんですよ」こう言ったのは、最近他界した作家の橋本治氏。彼は『東京オリンピック』を絶賛したあと、次のように結んでいる。

「今、市川崑があの映画を作ったら、『オリンピックは人類最大の嘘である』くらいのことを言うと思う。そうなってこそ、市川崑の『東京オリンピック』になるんじゃないかと……。でも（略）やっぱりなんかを信じたいと思うから、ああなっちゃうのかな」（和田誠・森遊机『光と嘘、真実と影　市

川崑監督作品を語る』河出書房新社）

市川崑さんの名作『東京オリンピック』は、長く未来までも多くの人々に繰り返し見直され、語り直されるに違いない。そして2020年のあとには、どんな新たな作品が現れるのだろうか？

『スポーツゴジラ■特集■1964年から未来へ／映画は何を残すのか』（第43号）を元に加筆修正

オリンピックを「見る」とは、どういうことか？

もしかしたら関東地方の、それも東京近郊に住んでいる人だけの話かもしれないが、東京オリンピック・パラリンピックのチケット（入場券）購入の抽選に申し込み、当選して大喜びした人や、落選してガッカリした人が話題になった。

わたしの知人のなかにも、サッカーの準決勝とバスケットボールの決勝のチケットを射止めた人もいれば、8種類の競技の入場券を申し込んで、すべて落選した人もいた（彼は「15万円の出費が消えて、ホッとしてますよ」と、強がりを言っていた）。また、ある友人はチケット申し込みの際に、最後の「確認」のキイを押し忘れ、すべての競技の申し込みに失敗してしまった（パソコンを使い慣れてない人が、よくやる失敗だったそうです）。

しかし、ここでちょっと考えてみてほしい。そもそも「オリンピックを見る」とは、どういうことなのだろう？

ここで、面白いエピソードを紹介しよう。それは２００２年の日韓ワールドカップ・サッカーでのことだ。わたしはそのとき、仕事でサッカーの試合を何試合か見ることができたのだが、面白かったのは、まず札幌ドームで見たイングランド 対 アルゼンチンの試合だった。

フランス大会でイングランドのベッカム選手がアルゼンチン選手の少々狡猾とも言えるプレイからレッドカード（一発退場）となり、試合は結局ＰＫ戦でアルゼンチンの勝利。札幌での試合は、その因縁の勝負のあとのベッカムの復讐戦となったのだが……しかし……そんなことより、わたしにとって面白かったのは、イングランドからやって来た大勢のサポーターたちだった。

彼らは誰もが驚くほどの大男揃いで、フーリガンと呼ばれるほど暴れまくったわけではなかったが、試合開始前から呆れるほど何杯ものビールを飲んでいた。しかも札幌ドームの小さな座席に座ることができず（彼らのデカイ尻は、日本製の小さな椅子の肘置きと肘置きの間入らず）、ずっと立ったまま観戦していた。

なかにはグイと尻を押し込んで椅子に座った大男もいたのだが、今度は尻を椅子から抜くことができず、膝が前の座席に支《つか》えて前方へ動くこともできず、ハーフタイムのあいだ大騒ぎとなった。そのときわたしは、サッカー好きの（労働者階級の）イギリス人のビールを飲む量の桁違いの多さと、身体のデカさと、尻とビール腹のバカデカさと、野獣の咆吼《ほうこう》のような大声と、底抜けの陽気さ……に、自分の知らなかったイギリス人像を発見したのだった。

Ｗ杯サッカーでの話を、もうひとつ。横浜総合競技場（現・日産スタジアム）で行われたドイツ 対 ブラジルの決勝戦の日、試合前はＪＲ新横浜の駅からスタジアムまでの舗道にサッカー関係のグッズを道端に並べて売る店が連なり、客引きのポルトガル語やドイツ語や、英語や何語かわからない外国語が大声で飛び交っていた。その日がW杯の最終日。品物を売り切りたい外国人たちは、必死に愛想を振りまいていた。

そんな雰囲気のなか、試合前に軽く食事を済ませておきたかったわたしは、小さなうどん屋へ入った。すると店内はブラジル人で満員。おまけに店の人と何やら揉めていた。そこで事情を聞いてみて、わたしは思わず（店の人には申し訳ないが）吹き出してしまった。ブラジル人達は「前菜《アペリティボ》の饂飩《ヌードル》は食べたので主食《メインディッシュ》を待ってる」と言うのだ。この店ではヌードルがメインディッシュだと言うと「それでは値段が高すぎる」。

そのあとどうなったか、昼飯抜きで決勝戦を見ることにしたわたしは知らない。が、2対0でブラジルが勝利した試合結果以上に、路上の物売りの様子やうどん屋での出来事のほうが、わたしにとっては世界大会《ワールドカップ》として強く印象に残った。

そういえば仕事抜きで長野オリンピックへ子供連れで足を運んだときは、スケート会場で入場券が手に入らず、近寄ってきた黒人とチケット購入の交渉を始めたところが、思わぬ安値で交渉が成立。ところがいざチケットを買おうとしたら相手の黒人（青森の三沢基地からやって来た米軍人だった）も、ズボンのポケットから財布を取り出し、お互いに大笑い。どっちも相手がダフ屋だと思っていたのだ……。

はたして東京オリンピック・パラリンピックは、どのような大会になるのか？（チケットは購入した個人の登録情報入りで、ダフ屋は不可能ですね）。

わたしは、おそらく猛暑となるに違いない太陽の下で、東京という街をぶらぶら歩いてみるつもりだ。そうすれば、きっと「２０２０年東京オリンピックを見る」ことができる、と確信している。スポーツの試合はテレビで見れば十分だから。

フォーラムエイト広報誌『Up & Coming No.127』（２０１９年秋の号）を元に加筆修正

日本人はスポーツを知らない？

我が国のマスメディアのスポーツ中継はヒドイ……という批判を、よく耳にする。確かにそのとおりかもしれない。

「頑張れ」「やってくれるはずです」と、日本人選手を応援するばかりで、冷静な分析がない。多くの人が負けると予想している実力差のある試合でも、視聴率や新聞雑誌の売上げを期待してか、国民の期待を煽る放送をする。客観的事実はもちろんスポーツの素晴らしさも伝えない。

ソチ五輪のとき、外国のテレビ放送は金メダルを獲得した羽生結弦のスケーティングを短い言葉で適切に伝えていたが、日本のアナウンサーや解説者は興奮した言葉を連ねるだけ。サッカーの国際試合やワールドカップでも、興奮して勝利を喜ぶか、敗北を悔やんで涙声になるだけ……。

なるほど。そう言えるかもしれない。

しかし……では、なぜ、そんなことになってしまうのだろう？

わたしは、その原因はふたつあると考える。

ひとつは、われわれ日本人は、ほとんど誰もがスポーツを知らない、ということ。もうひとつは、スポーツに無知なまま、マスメディアにスポーツ・イベントの主催や、スポーツ・チームの所有を許している、ということだ。

順に説明しよう。

われわれは、小中高校大学の体育の授業で、スポーツ競技のやり方は学ぶ。しかし、スポーツを学ぶことはない。つまり、「スポーツとは何か?」と訊《き》かれて、それはこれこれこういうものである、と自信を持って答えられる人は、ほぼ皆無である。体育の教師ですら、その質問に答えられる人はほとんどいないし、メディアのスポーツ担当者のなかにも、ほとんどいない。

いや、「スポーツとは何か?」という質問に答えられないばかりか、たとえば「バレーボールとはどういう意味か?」と訊かれて答えられる人も、ほとんどいない。

わたしは、私自身を含む日本人の「スポーツに対する無知」に気づいて以来、約10年間近く、マスメディアのスポーツ担当者に会うたびに、「バレーボールって、どういう意味か知ってますか?」と訊きまくった。が、その意味――テニスのボレーやサッカーのボレー・シュートと同じく「volley」が「バレー」と日本語的に訛ったもので、ボールを地面に落とさず弾き合うゲームの名称――と正しく答えられた人には、まだ一人も出逢っていない。

バレーボールの選手としてインターハイに出場した経験を持つテレビのスポーツ・ディレクターも、元日本代表バレーボール・チームの一員だったスポーツ解説者も、「バレー」の意味を答えられなかった。「バレーボール」という言葉の意味など知らなくても、バレーボールを見て楽しむこともできれば、バレーボールの選手としての活躍にも支障はないのだろう。だから青少年の身体の健全な発育だけを目指す学校体育の授業や部活動では、バレーボールのルールや技術は教えても、バレーボールの意味は教えない。

バレーボールだけではない。サッカーという言葉の意味も教えない。だから、それがアソシエーション・フットボールの Association が Asocc Football → Asoccer → Soccer と変化して生まれた言葉だと知っている人は、ほとんどいない。

さらに問題なのは、体育の授業では先生の指示（命令）通りに（疑問を持たずに）動くことが求められるため、疑問を持つこと自体が許されないことだ。

もしも、なぜサッカーは手を使ってはいけないのだろう？　という疑問を持つ生徒がいて、教師に向かって質問しても、せいぜい足しか使わないのがサッカーだ、という答えになっていないトートロジーでお茶を濁されるだけ。あげくに、クダランことなど考えずに身体を動かせ、と怒鳴られるのがオチだろう。

サッカーが主として足を使い、手を使わないことには、フットボールの歴史のなかでのきちんとした理由があるのだが、身体を動かすことだけを教える「体育」の教師には、「スポーツ」の歴史や文化を教えることは無理なのだろう。

その結果、われわれ日本人は、あらゆるスポーツの様々な事柄について疑問を抱くことなく、黙って鵜呑みにする性癖を身に付ける。そして、ボクシング、レスリング、テニス、バドミントン、ドッジボール……といった言葉の意味も知らないまま、それらを見たり、やったり、楽しんだりして、平気でいられるという少々不思議な意識のままスポーツと慣れ親しむようになる。

さらに、左腕投手をなぜサウスポー（南の手）と呼ぶのか、テニスの強烈な第一打をなぜサーヴィスと言うのか、ラグビーの得点をなぜトライというのか……といった不思議なことも不思議と思わなくなるという不思議な状態――スポーツに対する無知をナントモ思わない状態に陥る（第1章を読まれた方は、もうすべてご存じですよね）。

そもそも「スポーツ」という言葉が外国語で、スポーツは輸入文化なのだから、その本義をきちんと学ばなければ理解できないはずだが、学校体育では身体を動かすことと、保健体育として身体の生理機能に関することくらいしか教えてくれない。だからわれわれ日本人のなかには、オリンピックにかつて絵画や彫刻や音楽といった芸術が「芸術競技」が正式競技として存在したことも、現在「文化プログラム」が存在することも知らない人が多く、「体育の日」「国民体育大会」などという言葉もあるため、体育とスポーツがあたかも同義語であるかのように誤解する人も少なくない。

そのような無知から生じる悪影響は、計り知れない。

その最たるものが、マスメディアによるスポーツの主催や、スポーツ・チームの所有に対して、多くの人が何の疑問も抱かないことだ。

日本の野球は、高校野球の夏の甲子園大会に朝日新聞社、春のセンバツ大会に毎日新聞社が、それぞれ主催者として名を連ね、読売ジャイアンツは読売新聞社が所有している。

そこで各新聞社（および系列のテレビ局やラジオ局）は、日本の野球というスポーツ全体が大きく発展する以上に、野球を利用したメディアの利益を追求する。その結果、高校野球が盛りあがることを望むあまり、高校生投手が肩や肘を故障することを阻止する球数制限等、アメリカでは行われている規制を日本では実施することができないでいる。スポーツの正論を主張するべきジャーナリズムが機能していないのだ。

プロ野球でも、ジャイアンツが優勝するために有利なルールとなるよう、過去に何度も理不尽なルールの「改悪」が行われたことまであった。が、世の中の批判の声を、読売グループは巨大メディアを駆使したジャーナリズムとは到底呼べない偏った言論、自社に有利な暴論で封じ込めてきた。

野球だけではない。箱根駅伝という関東の大学だけしか出場できない地域限定の特定大学によるイベントを読売新聞社が主催し、日本テレビの全国ネットで全国放送した結果、全国の優秀な高校生長距離ランナーが、ことごとく関東の大学を目指すようになり、他の地域の大学との「格差」が生じるようになった。

しかも、箱根という現在のマラソンの国際ルールでは正規のコースとは絶対に認められない激しい高低差の存在するコースを含み、無理をしてでも襷を繋ごうとする駅伝特有のルールに全力を尽くす結果（高校野球と同様の）バーンアウト（燃え尽き）現象を生じるようにもなり、日本の男子陸上長距離マラソン競技の低迷を招くようになった、と指摘する声も少なくない。

メディアがスポーツを所有したり主催したりすると、このような悪影響を生じやすいため、多くのスポーツ先進国ではメディアのスポーツ界への進出を禁じている国もある。かつてメディア王と言われたルパート・マードックがイギリスの人気サッカー・チームのマンチェスター・ユナイテッドを買収しようとしたとき、イギリス政府がそれを反社会的行為として禁止したのは有名な話だ。が、そのような常識的措置が執られるためには「スポーツとは何か？」という認識が社会的常識として存在していなければならない。つまり、スポーツとは公共の文化的財産（文化財）であり、特定の企業や組織によって独占されるものではない、という認識がはっきり存在しなければならないのだ。ましてやジャーナリズムを担うべきメディアによる所有や支配（主催）は、スポーツの健全な発展を阻害する（と同時に、真っ当なスポーツ・ジャーナリズムも存在しえなくなる）という認識が、常識として存在するようにならなければ、日本のスポーツ界の発展も、スポーツ文化の定着も、スポーツによる健全な社会の建設も、すべてあり得ず、日本のスポーツは、イベントのあるたびに騒がれ、消費され、消えていくだけの存在に終わるだろう。

　スポーツに対する無知の代償は大きい。それは単に日本のスポーツ・アナウンサーや解説者の表現が稚拙だ、といった問題に留まらない。日本の社会全体に関わる大問題であり、２０２０年東京オリンピック・パラリンピックを開催するにあたって克服すべき最大の課題と言えるだろう。

『學鐙 vol.112 No.1　春号』（２０１５年３月５日）を元に加筆修正

スポーツと体育はまったく別物、ということをご存じですか？

日本人はスポーツを知らない……、スポーツとは何か？　と訊かれても答えられる人は甚だ数少ない……、それこそが、２０２０年東京オリンピック・パラリンピックを開催するにあたっての最大の課題である……ということを前段で書かせていただいた。では、なぜそんなことになってしまったのか、ということについて書くことにする。

「スポーツ(sports)」とは、もちろん外国語であり、外国の文化を輸入したものである。明治初期の文明開化で、他の多くの輸入文化と一緒に、日本に伝播した。輸入文化は、すべて日本語に翻訳されて日本人に消化吸収され、日本の文化として定着した。

政府、内閣、国会、民主主義、社会主義、経済、哲学、文学、物理学、保健、福祉、鉄道、蒸気機関車、駅、自由、平等、博愛、恋愛……などなど、じつに様々な日本語が、既成の言葉が流用されたり、新しく造語として作られたりして、外国文化の訳語として定着し、やがて訳語であるということが忘れられるほどに、日本の文化として、日本語として、定着した。

が、残念ながらsportsという言葉には、適当な訳語としての日本語が存在しなかった。

スポーツの訳語として一番最初に文献に登場したのは「釣り」だった。おそらく海か川で釣り糸を垂れている外国人に向かって、英語のできる日本人が、What are you doing? とでも訊いたのだろう。そして、I'm playing a sport. という回答を得た。だから「スポーツ＝釣り」と納得され、翻訳された。続いて「スポーツ＝乗馬」という訳語が現れる。これもおそらく馬に乗っている外国人に、英語のできる日本人が、What are you doing? と訊き、I'm playing a sport. という回答を得たに違いない。

ここで明治のインテリは、戸惑ったに違いない。「釣り」も「乗馬」も「スポーツ」ならば、スポーツとはいったい何なのか？　それがわからなくなってしまった。

そんなところへ、東京大学に赴任したイギリス人教授のフレデリック・ウィリアム・ストレンジという人物が、明治16（1883）年に『アウトドア・ゲームズ OUTDOOR GAMES』という本を丸善から出版し、陸上競技（競走、幅跳び、高跳び等）、水泳（クロール、背泳ぎ等）、ホッケー、フットボール、クリケット、野球、テニス…などを、「スポーツ」と称して日本に紹介する。明治18（1885）年、この本のタイトルが、『西洋戸外遊戯法』という題名に翻訳出版され、「ゲーム」も「スポーツ」も「遊戯」という訳語が当てられ、理解されるようになる。

しかし同時期、それら各種のスポーツ（特に陸上競技、体操、水泳等）が、兵隊の訓練や、兵士予備軍としての男子学生生徒の心身を鍛練する手段として活用されるようになると、「遊戯」という訳語では不適当ということになり、やがて「運動」とか「体育」「体練（体育教練）」という訳語が用いられるようになり、世の中に軍国主義の色合いが濃くなるに連れて、われわれ日本人のあいだに、「スポーツ＝体育」という訳語が定着するようになった。

第二次世界大戦が終わり、戦後民主主義の時代になって軍国主義の世の中ではなくなっても「スポーツ＝体育」という言葉は残った。という以上に、他に適当な日本語が存在しなかった。そのためわれわれ日本人のなかには、21世紀になったいまも、「スポーツ＝体育」だと思っている人も少なくない。

もちろん体育は、直接的には軍国主義とは何の関係もない、知育、徳育と並ぶ、青少年への教育の一種である。英語では、physical education――文字通り、「身体教育」のことで、教育だから、義務が伴う。少々、つらく苦しいことでも、指導者は学生や生徒や子供たちにやらせなければならないし、学生や生徒や子供たちはやらなければならない。そうして身体を鍛えなければならない。強い兵士を目指すのではなくても、立派な大人になるためには、それが絶対に必要というわけではないが、やっておいたほうが（やらせておいたほうが）ベターだと多くの人が考えている。

一方スポーツは、もともとの語源が、ラテン語のデポルターレ（deportare）。日常生活の労働から離れた、遊びの時空間。余暇、余技、レジャーといった意味。その言葉が、中世にはディスポルト（disport）と変化。「dis」も「port」（港、持ち運ぶ）も基本的に「離れる」という意味で、やはり日常生活の労働から離れることを意味する。つまるところ「身体を用いた非生産的な遊びの時空間」といったところか。

その言葉が「スポーツ（sports）」と変化した。そこには、冗談、慰み、気晴らし、戯れ、巫山戯《ふざけ》、遊び半分……といった意味も加わり、あくまでも自発的で、命令されないことが、スポーツの大原則と言える。

これで「体育」と「スポーツ」という2種類の言葉が、まるで意味の異なっている言葉だということがおわかりいただけたと思う。が、われわれ日本人は、いまなお両者をあたかも同じ意味の言葉として、「体育」を「スポーツ」の翻訳語として用いている。

1964年に行われた東京オリンピックの開会式の日（10月10日）を記念して定められた国民の祝日（現在は10月第二月曜日）は「体育の日」と呼ばれている。が、英語の表記では、Health Sports Day つまり健康とスポーツの日。

また、国民体育大会は、英語では、National Sports Festival. そして、日本体育大学の英語名は、かつて、Nippon college of physical education としていたのを、最近、Nippon Sport Science University に改められた。が、日本語名は、日本スポーツ・サイエンス大学とはならず、日本体育大学のままである。

これら「スポーツ」と「体育」という明らかに誤訳と言うべき言葉のあいだに生じる齟齬は、具体的な問題として表面化するまでになった。それが、最近2〜3年のあいだに、高校生のクラブ活動から日本代表の選手まで、次々と浮き彫りになった「体罰」の問題である。

誰もが自発的に行うスポーツよりも、小中高大学の体育教育で実施されている、やらせなければならない体育（教育的スポーツ）のほうがはるかに浸透している我が国では、スポーツ（体育）は指導者の命令に従って行うものだという「常識」が蔓延《はびこ》っている。

そして指導者の指示と命令に従い、それを黙々と実行することが、スポーツマンに求められる「責任」であり「誠実さ」であり「正直さ」であり、それによって「忍耐力」や「礼儀正しさ」が養われるという教育（体育）が、体育として行われるスポーツを通して実行される。従って、指導者の指示と命令どおりに従わない（従えない）学生や生徒に対しては、身体で（身に染みて）理解させるために、体罰という手段が執られる場合もある。

その課程で根本的に無視され、排除され、忘れられるのは、スポーツの根本にあるはずの「自発性」である。自発的に参加し、自発的に考え、自発的に動く……。それがスポーツのはずであり、自発的にスポーツを行えるよう助けるのがコーチの役割のはずなのに、日本の体育の指導者は、そのような自発性・自主性を伸ばすことを教育とは考えず、自らの指示に従わせることを教育だと思い込んでいる人が多い。それは、高校生が監督（先生・指導者）のサインに100パーセント従うなかでゲームが成立する甲子園での高校野球を見ればよくわかるだろう。

さらに、スポーツと体育をイコールで結び、スポーツを体育（身体を鍛える教育）の世界だけに閉じ込めた結果、知育としてのスポーツ教育も、徳育としてのスポーツ教育も忘れ去られてしまう（気づかれなくなってしまう）ことになった。

ベースボールの歴史を学べば、それはアメリカの歴史になり、アメリカ人の思考法を学ぶことにもつながる。フットボール（サッカー・ラグビー）の歴史を学べば、それはヨーロッパの歴史を知ることになり、南北アメリカの気候風土の違い、歴史の違いを学ぶことにもつながる。オリンピックの歴史を学べば、古代ギリシアの歴史と近代ヨーロッパの歴史、さらに現代世界の国際関係を学ぶことになる。そしてスポーツの誕生史を辿《たど》ると、それが民主主義制度の成立と深く関わっていることも学ぶことができる。スポーツを体育という一つのジャンルに閉じこめておく限り、スポーツの持つそのような文化的で知育的な豊かな要素は、その存在すら誰も気づかず、活用しようという発想すら生まれなくなる。

道徳教育（徳育）におけるスポーツの価値を説明するには、スポーツマンシップという言葉をあげるだけで十分だろう。オリンピックやワールドカップなど、多くのスポーツの現場から素晴らしいスポーツマンシップが示された実例を取りあげ、またはスポーツマンシップが踏みにじられた実例を取りあげ、スポーツマンシップについて考えることは、素晴らしい道徳教育につながるはずだ。

しかし、「スポーツ＝体育」という捉え方をしているかぎり、身体を鍛えることや、試合に勝つことばかりが優先され、スポーツという文化《カルチャー》の持つ豊かさは、ほんの一部しか青少年の教育に活かされなくなってしまう。また、長いあいだ「スポーツ＝体育」という教育のなかで育って「体育教師」になった指導者は、「スポーツとは何か？」という問いに答えることもできず、そのことを考えようともせず、スポーツと体育の違いについても明確な回答を持たず、学生や生徒たちに、ただ体力を付けさせ、技術を身に付けさせ、試合に勝たせることに専念する……。こうして体罰を容認するだけでなく、是認したり、必要悪と考える指導者が、あとを絶たない……。

そんな現状のなかで、２０１５年の秋からスポーツ庁が正式に発足することになった。３年前に誕生したスポーツ基本法に則して、２０２０年のオリンピック・パラリンピックを見据え、日本体育協会は日本スポーツ協会と名称が変わり、体育の日も20年からはスポーツの日に、国民体育大会も24年からは国民スポーツ大会に変わり、日本の国をスポーツで豊かにしようという「スポーツ立国」を目指すという。その基本方針に反対する理由はないと思う。が、そのためには、まず「スポーツとは何か？」という勉強会と、「スポーツと体育は別物である」という広報活動から始めるべきだろう。

Column 4

スポーツはアート（芸術）と合体する

スポーツと音楽　密接すぎる美しい関係

オリンピックの開閉会式の存在理由は？

１９６４年の東京オリンピックで、わたしが大きな衝撃を受けたのは開会式と閉会式だった。古関裕而[※1]作曲の素晴らしい行進曲（オリンピック・マーチ）にのって、世界各国の選手たちが色とりどりの衣裳を身につけ、整然と行進した開会式は、ほんとうに圧倒的な迫力と美しさに溢れていた。

とりわけ独立したばかりのアフリカ諸国の選手たちが身につけていた民族衣裳と漆黒の肉体や、胸を張った行進には目を奪われた。国立競技場に鳴り響いたファンファーレも見事で、それがオリンピックに先立って当時のＮＨＫの人気クイズ番組『私の秘密』で演奏されたことも憶えている。そのときの解説で、そのファンファーレが箏曲『六段』のメロディをアレンジしてつくられたものであることも知った。

スポーツと音楽　密接すぎる美しい関係

開会式の印象があまりにも強かったので、わたしはいまも、そのときの実況中継のアナウンスを口にできるくらいだ。

「1964年10月10日午後2時。いよいよ選手団の入場であります。先頭はギリシャ。旗手はジョージ・マルセロス君。紺地に白い十字のギリシャ国旗が、国立競技場の真っ赤なアンツーカーに映えます！」

さらに、閉会式の素晴らしかったこと！　整然とした開会式とは対照的に、閉会式ではまず、各国一人の選手が掲げる国旗だけが順に登場し、そのあとにあらゆる国の選手たちが入り乱れるようにしてスタジアムに雪崩れ込んできたのだった。「国境を越え、人種や宗教の違いを超え……、もしも世界平和というものが存在するならば、それはこのような風景のことをいうのではないでしょうか！」というアナウンサーの興奮した言葉を聞きながらテレビに映し出された光景は、言葉で何万回言われる以上に、「世界はひとつ」という東京オリンピックのスローガンを強く胸に刻みつけたのだった。

東京オリンピックが終わると、学校の国語の時間に感想文を書かされた。「オリンピックでいちばん心に残ったこと」というテーマで。しかしわたしは、開会式や閉会式のことを書くことができなかった。というのは、当時小学6年生だったわたしには、開会式や閉会式は単なる儀式で、オリンピックというスポーツ大会とは基本的に関係のないものという意識しか抱けなかったからだった。しかし、このときのモヤモヤした気持ちは、その後も長く心に残りつづけた。あれほど素晴らしかった開会式や閉会式は、オリンピックというスポーツ大会にとって、どんな意味があるのだろう？　とくに意味のない、ただの儀式だったのだろうか？　オリンピックの正式競技ではない開会式や閉会式にいちばん感激してしまった自分は、感激の仕方が間違っていたのだろうか？……そんな疑問を抱きつづけたのだった。

精神表現と身体表現は表裏一体

東京オリンピックのあと、メキシコ五輪でも、ミュンヘン五輪でも、モントリオール五輪でも、開会式や閉会式は素晴らしく感じられた。

高校生になってクラシックやジャズ、それに演劇や歌舞伎やオペラが好きになっていたわたしは、スポーツ競技以外のオリンピックでの出来事に、ますます興味を抱くようになった。１９７２年のミュンヘン・オリンピックでは、バイエルン国立歌劇場でクラウディオ・アッバードというイタリア人指揮者がドイツ・オペラ界にデビューするという記事を『レコード芸術』という音楽雑誌で読み、オリンピックとオペラにどういう関係があるのだろう？　と首を傾げたものだった。さらに4年後のモントリオール・オリンピックでは、開会式でメイナード・ファーガソンというわたしの大好きなカナダ人のジャズ・トランペッターが登場し（彼の『サマー・タイム』の演奏は最高です！）、ソロでカナダ国歌を見事に演奏したのだった。

そのころから雑誌記者の仕事をはじめ、スポーツに関する原稿を書きはじめていたわたしは、これらの「不思議な現象」について調べてみた。

するとオリンピックには、１９１２年の第5回ストックホルム大会から「芸術競技」と呼ばれる正式競技が存在し、彫刻、絵画（油絵、水彩画、ポスター）、音楽（声楽作曲、オーケストラ作曲、器楽作曲）、文学（詩歌、劇作、文学全般）、建築設計、都市計画といった分野で、金・銀・銅のメダルが授与されていたこともわかった。

それは古代ギリシアのオリンポスの祭典競技（古代オリンピック）を真似たもので、そこでは、絵画や壺絵、詩歌や竪琴の演奏のほかに（政治）演説も競技になっていたという。つまり、わたしたちが現在「スポーツ」と呼んでいるものには、単に「身体競技（身体表現）」だけでなく、「精神表現」とも呼ぶべき「芸術表現」もふくまれていたのだ。

身体表現と精神表現は、表裏一体とも言える関係で、そもそも古代オリンピックは、オリンポスの山に棲む主神ゼウスをはじめとする神々を讃える祭典だった。神々を讃えるために創りあげた芸術作品が精神表現で、神々の美しい身体に少しでも近づこうとし、最も美しく力強い（神々に近い）人物を決める身体競技が、身体表現というわけだ（もうひとつ、神々の意向＝神託を伺うところから生まれた文化がギャンブルという言い方もでき、スポーツとアートとギャンブルは、同じルーツを持つ人間の文化とも言える……が、それはさておき）。

このように、精神表現と身体表現が同種のものであり、極めて密接な関係にあるものと考えられるのは、何も西洋の文化に限ったことではない。日本の相撲という身体競技にも、触れ太鼓や相撲甚句《じんく》といった音楽が、同じ土俵の上から生み出されている。また、土俵につづく「花道」は芝居や踊りで役者や踊り手が登場する「花道」と、言葉を共有している。これは村祭りのときなどに、相撲や芝居や踊りが同じ場所で行われ、力士や役者や踊り手の通る畦道《あぜみち》が花で飾られたことに由来しているとも言われている（かつて芝居小屋は舞台のみが建てられ、観客は芝（草）の上に座って（居《い》て）見物したから「芝居」という言葉が生まれたらしい）。

要するに「祭り」（宗教行事）には、必ず「精神表現」と「身体表現」が同居していたとも言えるのだ。

この伝統は、今日のオリンピックやワールドカップにも引き継がれている。

かつてオリンピックの正式競技だった「芸術競技」は、芸術は順位を争うものではないという考えから、１９４８年の第14回ロンドン大会を最後に正式競技からは除外され、「芸術展示《アート・エキジビジョン》」として残されることになった。それが現在では、「文化《カルチャー》プログラム」と呼ばれて、オリンピック期間中には（選手村の開村式の日からパラリンピックの閉会式の日までの期間は必ず）、開催都市が様々な芸術イベントを催すことになっている（そのことは、オリンピック憲章に明記され、義務づけられている）。

先に書いたクラウディオ・アッバードがバイエルン国立歌劇場にデビューした、というのもミュンヘン・オリンピックの芸術展示イベント（現在の文化プログラム）の一環だったわけで、イタリア人のアッバードはオリンピックをきっかけに活躍の場を広げ、その後ウィーン国立歌劇場の総監督となり、ベルリン・フィルハーモニー管弦楽団の常任指揮者や音楽監督も務める大指揮者への道を歩むようになったのだった。

オリンピック芸術展示の歴史

過去のオリンピックを振り返ってみると、そこには競技者たちの素晴らしい活躍とともに、素晴らしい芸術家たちによる見事な数々の芸術展示（アート・エキジビジョン）も歴史に刻まれている。

1964年のオーストリア・インスブルックでの冬季大会では、カール・ベームの指揮するウィーン・フィルハーモニー管弦楽団の連続演奏会が行われた。

1984年のロサンゼルス五輪では、『スター・ウォーズ』『スーパー・マン』『E.T.』といった映画音楽で有名な作曲家のジョン・ウィリアムズが芸術監督となり、いまも名曲として演奏されることの多いファンファーレを作曲したうえに、開閉会式で指揮台に立ってクラシックからジャズまで様々な演奏を披露した（そして圧巻は何十台ものピアノをスタジアムにズラリと並べて演奏されたジョージ・ガーシュウィン作曲の『ラプソディー・イン・ブルー』だった）。

1988年のソウル・オリンピックでは韓国の伝統音楽や祭りや伝統演劇が紹介され、1992年のバルセロナ・オリンピックでは、プラシド・ドミンゴ、ホセ・カレーラス、クレメンス・クラウス、モンセラート・カバリエ、テレサ・ベルガンサなどスペイン系の一流のオペラ歌手が一堂に会して開会式を盛りあげた。そのうえ新装開館したリセオ歌劇場でのオペラ公演が話題を呼んだ。

1998年の長野冬季五輪でも開会式で「御柱祭」が披露されたうえ、小澤征爾の指揮がウィーン・フィルやベルリン・フィルやニューヨーク・フィルなどと衛星中継でつながれ、ベートーヴェンの『歓喜の歌』（第九交響曲第4楽章）が演奏された。また、残念ながらあまり話題にはならなかったが、新作オペラ『善光寺物語』が初演されたほか、様々な芸術イベントも連日催された。

2000年のシドニー・オリンピックでの文化プログラムは、相当に内容の濃い、豪華なものだったので、少し詳しく紹介しよう。

高橋尚子選手が金メダルを獲得したマラソン競技の背後には、大きな貝殻の形をした美しいオペラ・ハウスがテレビの画面にも映し出されていたが、そこではオリンピック期間中にヴェルディの『椿姫』『シモン・ボッカネグラ』、プッチーニの『トスカ』、モーツァルトの『ドン・ジョヴァンニ』、リヒャルト・シュトラウスの『カプリッチョ』といった素晴らしいラインナップのオペラが連続上演されていた（リヒャルト・シュトラウスは1936年のベルリン・オリンピックで音楽監督を務めた）。

また同じ「貝殻」のなかにある小劇場では、シェイクスピアの『トロイダスとクレシダ』、アリストパネスの『鳥』、モーツァルトのオペラとしても有名なボーマルシェの『フィガロの結婚』といった演劇が連続上演され、コンサートホールでは、シドニー交響楽団、ロサンゼルス・フィルハーモニー管弦楽団、ミラノ・スカラ座管弦楽団などの連続演奏会のほか、ジャズやポップスのコンサート、マレーネ・ディートリヒの再来と言われた歌手のウテ・レンパーや、盲目のテノール歌手アンドレア・ボチェッリのコンサート、世界一流のバレリーナであるシルヴィ・ギエムの出演したバレエのガラ公演なども行われた。

ほかにも美術館での絵画展や彫刻展のほか映画祭やアニメ・フェスティヴァルも行われ、手塚治虫特集として『鉄腕アトム』や『ジャングル大帝』、宮崎駿の『もののけ姫』も上映された。

スポーツと音楽　密接すぎる美しい関係

その後もすべてのオリンピック大会で素晴らしい文化プログラムが催され、2008年北京大会の開会式では映画監督の張芸謀《チャンイーモウ》が総監督を務め、音楽監督はクラシック界の世界的巨匠譚盾《タン・ドゥン》が務め、中国4000年の歴史がフィールドに再現された。

また、2012年のロンドン大会では、音楽プログラムに世界的指揮者のダニエル・バレンボイムやグスターボ・デュダメルが名を連ね、映画『トレイン・スポッティング』などで有名なダニー・ボイル監督の演出した開会式（ミスター・ビーンも登場した！）ではイギリス人でベルリン・フィルの音楽監督だったサイモン・ラトルが指揮台に上がったほか、オペラ歌手のプラシド・ドミンゴ、ジャズ・トランペッターのウィンストン・マルサリスなども文化プログラムに登場。そんななかで最も話題になったのは、「ワールド・シェイクスピア・フェスティヴァル」と銘打ち、日本を含む世界中の演劇団がイギリス各地を訪れ、手話を含む世界の37の言語でシェイクスピアの戯曲を上演したことだった。

各種スポーツにおける文化イベント

こういったスポーツ大会における身体競技以外の文化イベントは、何もオリンピックに限ったことではない。

1990年に行われたサッカー・ワールドカップ・イタリア大会では、パヴァロッティ、ドミンゴ、カレーラスという「三大テナー」がローマのカラカラ浴場でコンサートを行い、世界中の大ニュースとなった（彼らのような超一流のテノール歌手が、同じ舞台の立つというのは考えられないことでしたからね）。このコンサートは4年後のワールドカップ・アメリカ大会でもロサンゼルスのドジャー・スタジアムで行われ（観客席にはフランク・シナトラも座り、三大テナーの歌う『マイ・ウェイ』に耳を傾けた）、さらに4年後のフランス大会ではエッフェル塔前に5万人以上の観客を集め（最前列には、シラク仏大統領、ミッテラン元大統領、キッシンジャー元米国務長官、アヴェランジェFIFA会長などが座っていた）、２００２年の日韓大会のときも、横浜アリーナで開催された。

また１９９２年にイタリアのモデナで馬術の世界選手権が行われたときは、生まれ故郷であるパヴァロッティが、スティングなどのロック・シンガーと一緒にコンサートを開き、このコンサートは、その後、エリック・クラプトン、ブライアン・アダムズ、エルトン・ジョン、ライザ・ミネリ、リッキー・マーティン、シェリル・クロウ、B・B・キングといったさまざまなジャンルの歌手とのコラボレーションとして発展。「パヴァロッティ&フレンズ」という名のチャリティ・コンサートが、スポーツ大会をきっかけとして7年間も続いたのだった。

アメリカでも、古くはベーブ・ルースやルー・ゲーリッグの活躍によってメジャー・リーグのニューヨーク・ヤンキースがヤンキー・スタジアムを大改装したとき、『星条旗よ永遠なれ』や『ワシントン・ポスト』など１００曲を超える素晴らしい行進曲を作曲した[※2]ジョン・フィリップ・スーザが指揮台に上がり、次々と名演奏を指揮して新球場のこけら落としを盛りあげた。

１９８１年に私自身がニューヨークのヤンキース対ドジャースのワール

ド・シリーズを見たときは、メトロポリタン歌劇場でバリトン歌手として大活躍していたロバート・メリルが登場し、アメリカ国歌を朗々と歌いあげた。また１９９２年にロサンゼルスのドジャー・スタジアムへ行ったときは、往年の人気ポピュラー歌手のコニー・フランシスが登場。大喝采を浴びていた。

クラシック音楽とつながるＦ１

そんななかでいちばんわたしの心に残っている「スポーツと音楽の関係」は、１９９１年の夏、フランスのブルゴーニュ地方のマニクールという小さな田舎町で、Ｆ１グランプリのレースを見たときのことだった。

Ｆ１レースは、２日間の予選（決勝でのスタートのポジションを決めるタイム・アタック・レース）があり、３日目が決勝というスケジュールになっていたが、予選のときはサーキットに、パッヘルベルの『カノン』、アルビノーニの『アダージョ』、バッハの『Ｇ線上のアリア』、マーラーの『アダージェット』（交響曲第５番第４楽章）、ドビュッシーの『牧神の午後への前奏曲』、ショパンの『ノクターン』といった静かな音楽が絶え間なく流され、Ｆ１マシンの鼓膜を劈《つんざ》くような轟音《ごうおん》が途切れたときなど、それらの音楽が耳に優しく涼風のように聴こえてきたのだった。

決勝の日になって、リヒャルト・シュトラウスの交響詩『ツァラトゥストラはかく語りき』の冒頭のファンファーレが高らかに響くと（映画『２００１年宇宙の旅』で使われた音楽です）、サーキット場の入口の門が開き、人口わずか1万人程度の小さな田舎町に押し寄せた10万人近い観客が客席に雪崩れ込み、さらにワーグナーの『ワルキューレの騎行』（映画『地獄の黙示録』や『ブルース・ブラザース』で使われた音楽です）が鳴り響いて気分が盛りあがるとフランス空軍のジェット戦闘機によるアトラクションが始まった。そのうちにＦ１マシンがスタート地点に勢揃いすると、どこからともなく合唱曲が流れてきた。それは、ジュゼッペ・ヴェルディのオペラ『ナブッコ』のなかの『行け、わが思いよ、金色の翼に乗って』というイタリアの第2の国歌とも言われる有名な合唱曲だった（古代バビロニアの王ネブカドネザルのために捕虜となったユダヤ人たちの歌う合唱曲で、映画『ゴッド・ファーザー』でドン・コルリオーネが故郷に帰るときにも演奏され、２００６年トリノ冬季五輪の開会式でも歌われた）。

♪行け、わが思いよ、金色の翼に乗って……

そして、やすらげ、わが故郷の丘の上で……

最初は静かに、徐々に盛りあがる合唱曲に合わせて、スタンドでフェラーリの旗を打ち振っていた観客も、声を合わせて歌い始めた。スターティング・グリッドで慌ただしくマシンの最後の準備をしていたイタリア人メカニックたちも、しばし手を休めて合唱に加わった。そして合唱が終わるとフランス国歌『ラ・マルセイエーズ』が高らかに鳴り響き、26台のＦ１マシンは、猛烈なエグゾースト・ノート（エンジン音）を響かせ、壮絶なバトルを開始したのだった。

フランス人記者に聞いたところによると、イタリアの第2の国歌を流したのは、「自動車レースというモータースポーツ競技を牽引してきたイタリア人（フェラーリ）に対するオマージュ」であると同時に、「気分が盛りあがるから」とのことだったが、その見事さ——音楽とスポーツ・イベントが見事に調和していたことに、わたしは大感激したのだった。

オペラとフィギュア・スケート

スポーツと音楽の強い結びつきは、最近では誰もがフィギュア・スケートの世界でも感じていることだろう。

トリノ冬季五輪で荒川静香が金メダルを獲得したときの音楽、プッチーニの『トゥーランドット』は、演技の見事さもさることながら、選曲もじつに見事なものだったと言える。イタリア人なら誰もが知っている（と言って間違いない）イタリア・オペラの大名曲を、イタリアのトリノでの大会で選んだのは、たとえてみれば長野冬季五輪で、誰か外国のフィギュア・スケートの選手が、美空ひばりの『川の流れのように』で演技をしたようなものと言えるだろう。その選曲に日本人なら誰もが大喝采を送るのと同じように、イタリア人は荒川静香の演技に大拍手を送り、雰囲気を盛りあげ、表彰台へと後押しした、とわたしには思えてならない。

何しろ荒川静香の最高の見せ場であるイナバウアーのバックに流れた『トゥーランドット』のアリア『誰も寝てはならぬ』は、トリノ冬季五輪の開会式でパヴァロッティが歌った曲でもあったのだ。おまけにオペラの内容は、氷のように冷たい心の持ち主だった東洋（中国）のお姫様が、愛に目覚めて温かい心の持ち主に変わるという物語。荒川静香というフィギュア・スケーターの表情と音楽が物語にも合致したうえ、オペラ・ファンのイタリア人の観客に囲まれ、見事なパフォーマンスが生まれたのだった。

最近では、浅田真央のコーチをしていたときのタチアナ・タラソワが、彼女のために選んだ音楽も素晴らしいものだった。アラム・ハチャトゥリアン作曲・組曲『仮面舞踏会』から『ワルツ』。セルゲイ・ラフマニノフ作曲『鐘』。アルフレッド・シュニトケ作曲オペラ『愚者の生活』から『ワルツ』。もちろん浅田真央の演技はチャイコフスキーの『白鳥の湖』や、リストの『ノクターン』でも見事なものだったが、誰もが聴き慣れない音楽に乗って、誰もがその音楽を好きになるほどのパフォーマンスを見せた浅田真央のフィギュア・スケーターとしての「力」には舌を巻くほかない。

もちろん高橋大輔が用いたレオン・カヴァッロのオペラ『道化師』の音楽と演技や、ニーノ・ロータの映画音楽『道』も素晴らしかった。それに、羽生結弦のショパンの『バラード第1番』を使った演技と音楽の合体も、見事なものだった。

かつて長嶋茂雄氏にインタヴューしたとき、スポーツマンにとって一番大切なのは「リズム」だと言われた。またラグビーの日本チーム監督時代の平尾誠二さんにインタヴューしたときも、こんな言葉を返された。「選手にスピード、スピードと指示していたときは、選手の動きが悪く、ミスも連発していた。けどリズムというと動きがよくなった」

メロディやハーモニー以上に音楽の基本と言えるリズムは、スポーツを見る人にとっても、やる人にとっても、最も深い関係で結びつけられているものなのだろう。だから音楽とスポーツを切り離して考えることが（文化部と運動部のように異質のもの、種類の違うものとして考えることが）、スポーツにとっても音楽にとっても、最も不幸なことと言えそうだ。

【※1】古関裕而／１９０９（明治42）年生まれ。福島県出身の作曲家。戦前は『露営の歌』『若鷲の歌（予科練の歌）』『おお轟沈、プリンス・オブ・ウェールズ』など多くの軍歌を作曲したが、戦後は『オリンピック・マーチ』のほか、『陸の王者』（慶応大学応援歌）『紺碧の空』（早稲田大学応援歌）『栄冠は君に輝く』（全国高等学校野球選手権大会＝夏の甲子園大会の歌）『六甲おろし』（阪神タイガース応援歌）『闘魂こめて』（読売ジャイアンツ応援歌）など、スポーツの応援歌、行進曲を多数作曲して「日本のスーザ」とも呼ばれた。『長崎の鐘』『高原列車は行く』『君の名は』『モスラの歌』など、映画音楽、ヒット歌謡曲も多数作曲。１９８９年没。

【※2】ジョン・フィリップ・スーザ／１８５４年ワシントンD.C.に生まれたアメリカの作曲家・指揮者。『ワシントン・ポスト』『雷神』『星条旗よ永遠なれ』『自由の鐘』『海を越える握手』など数多くの行進曲を作曲。マーチング・バンド用に大きなチューバに代わって低音を受け持つスーザ・ホーンの考案者でもあり、「マーチ王」と呼ばれたが、10曲以上のオペレッタなども残し、文才にも恵まれた小説家でもあった。１９３４年没。

『クラシック道場入門』（小学館　１９９７年2月1日）、『スポーツ解体新書』（朝日文庫　２００６年11月7日）を元に大幅に加筆修正

Column 5

スポーツはアート（芸術）と合体する

スポーツする身体　スポーツと美術の関係

スポーツの原義は日常生活を離れた非日常的行為。労働を離れた遊びの時空間。絵画や彫刻もスポーツの一種。広義のスポーツ（芸術）に描かれた狭義のスポーツ（身体活動）を見直してみる。

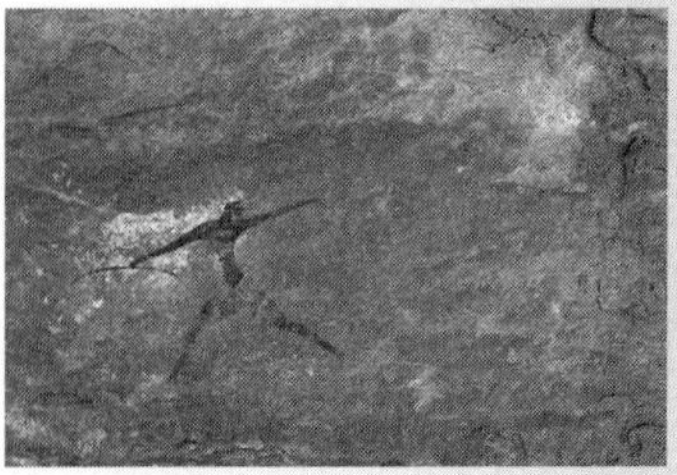

提供：大塚雅貴／アフロ

アルジェリアの洞窟壁画

石器時代はマティスやピカソの時代だった。
洞窟の壁に描かれた狩猟民は、誰もが美しく踊り、舞い、躍動し

スポーツする身体　スポーツと美術の関係

ている。弓を片手に狩りに赴《おもむ》く青年は四肢を見事に四方に伸ばし、現代のダンサーさながらに力強くジャンプしている。発達した太腿《ふともも》、引き締まった足首と胴、しなやかに伸びた両腕。弓は武器ではなく、ダンスの小道具に見える。

「肉体！　それは今世紀の最も重要な発見である。20世紀は自分の肉体を自ら示すことを決意した世紀である」とは振付師モーリス・ベジャールの言葉だが、「発見」とは忘れ去ったことを再発見する行為のようだ。

日常の労働が疎外されることなく、非日常的な喜びと融合していた幸福な時代。ポスト・モダンの「パンセ・ソバージュ（野生の思考）」を、紀元前数千年紀に生きていたピカソやマティスが見事な洞窟画として描き残した。

二度目の五輪招致に成功したとき、当時の都知事は「スポーツを暮らしの中に」と言った。が、太古はオリンピックなどなくても、スポーツする肉体の喜びは日常に満ちていたのだ。（アルジェリア、タッシリ・ナジェール国立公園、紀元前４０００～２０００年ごろ）

日本経済新聞「スポーツする身体１」（２０１３年10月７日）を元に加筆修正

アンリ・マティス「ダンスI」

すべてのスポーツは肉体表現の一種と言える。そしてダンス（舞踏）は、肉体表現（スポーツ）の基本であり根源である。

１００メートルを人類最速の速さで駆け抜けるウサイン・ボルトも、空中で４回身体を捻《ひね》る白井健三も、ゴール前でバイシクル・シュートを放つメッシも、相手の脚に飛び込んでタックルする吉田沙保里も、トリプル・アクセルを決める浅田真央も……スポーツマンやウーマンは誰もが美しいダンスを舞い、踊っている。

そのスポーツの基本、スポーツの根源をマティスは描いた。

提供：ALBUM/アフロ

緑の大地と青空、すなわち全世界を背景に、全裸の女性が５人、ひとつの輪になって踊る。まるでオリンピックの五輪の輪がひとつになったように。

子供が無邪気に描き殴ったような下手な筆遣いと色遣い。それだけに躍動感に満ちた５人の裸婦は上下前後左右に動き続ける。２次元のキャンバス上で、生命感溢《あふ》れるダンスは、３次元の立体から時間もふくむ４次元の時空へと広がり永遠に続く。

いつまで見続けても見飽きない舞踏。「ダンスの本質とは人間を、心の中の風景を表現すること」

とはモダンダンスの開拓者マーサ・グレアムの言葉だが、ならば人間とは、なんと素晴らしい「心の中の風景」を持った生き物か。踊る（スポーツする）喜び、人間の生の喜びは、マティスがこの一作に描き尽くした。（１９０９年、油彩・カンバス、２５９・７×３９０・１センチ、ニューヨーク近代美術館蔵）

日本経済新聞「スポーツする身体２」（２０１３年10月8日）を元に加筆修正

ディスコボロス（円盤を投げる人）

古代ギリシャのオリンポスの祭典では演説や竪琴も正式競技。身体競技を描写した彫刻や壺《つぼ》絵《え》なども競って製作された。

人間は精神と身体が合体した存在。ならば身体競技だけでなく精神競技も必要と考えたクーベルタン男爵は、古代オリンピックにならって近代五輪でも、絵画、彫刻、音楽、文学などの芸術競技を実施。金銀銅のメダルも与えられた（１９１２年ストックホルム大会から48年ロンドン大会まで）。

提供：Alamy/ アフロ

今日では芸術は競うものではないとの考えで正式競技から外されたが、五輪開催都市には文化プログラム（芸術祭）の実施が義務づけられている。２０１２年のロンドン五輪では各種コンサートの他、手話を含む37種類の言語によるシェイクスピアの連続上演も行われた。

古代オリンポスの神々の美しい身体に近づこうとする試みが身体競技（スポーツ）なら、芸術は、歌や絵画や彫刻で神々を讃《たた》える行為。そして神々の意向を問いかけて想像する行為がギャンブルとも言え、この3種は同じ根を持つ兄弟文化と言える。

2020年の東京五輪では、はたしてどんな芸術祭が催されるのか？

ディスコボロス（円盤を投げる人）は、力強くしなやかな身体と思索的な面立ちが見事な均整を生む古代ギリシャの大傑作。現代のオリンピックもこの美しさに比肩する価値を！（ローマ時代の複製、原作は紀元前5世紀、高さ170センチ、大理石、大英博物館蔵）

日本経済新聞「スポーツする身体3」（2013年10月10日）を元に加筆修正

ギュスターヴ・クールベ「レスラー」

提供：Heritage Image/アフロ

「レッスル」とは元々「動物がじゃれ合う」という意味。だからレスリングでは相手の着衣を掴むのは反則（動物は衣服を着ていませんからね）。ヘッドロック、フルネルソン、ベア・ハッグ、ブレーンバスター、コブラツイスト……も、4本足の動物相手の技から生まれた。

最近レスリングが五輪競技から外されそうになる騒ぎが

あったが、この格闘技は、紀元前３０００年にはメソポタミア地方で競技として成立していた。古代オリンピックより古い歴史を誇るだけに、レスラーたちは苛立《いらだ》ちを感じたに違いない。

クールベは、この格闘技の古く長い歴史を描き出した。相手と組み合い、投げよう、ねじ伏せようとするレスラーと、それを懸命に堪《こら》えるレスラー。彼らは５０００年の時空を超えて過去に戻る。周囲の観客の目も近代的な建築も、レッスルする世界とは無縁。時代は変わっても人間の肉体は変わらないと写実主義の画家は主張する。

しかも彼らレスラーたちは、ルールを遵守《じゅんしゅ》している。相手の頭を抱えて捻ろうとする両腕は首を絞めることなく、相手の頭を押さえて堪えるレスラーの左手は髪を掴もうとしていない。それに、右手も拳を握らない。

競技化（ルール化・スポーツ化）された格闘技とは、「殺すな！」というメッセージを含む人間の文化的営みなのだ。（１８５３年、油彩・カンバス、１９９×２５２センチ、ブダペスト国立西洋美術館蔵）

日本経済新聞「スポーツする身体４」（２０１３年10月11日）を元に加筆修正

ボナール「ボクサー」

提供：akg-images/ アフロ

「どうしてボクサーになったのか？」という問いに対して、女流作家のジョイス・キャロル・オーツは、一人のボクサーの答えを紹介している。

「詩人にはなれない。物語を語るやり方を知らないんだ」（『オン・ボクシング』中央公論社刊より）

これはたぶん、カッコ良すぎる回答と言うべきだろう。しかしボクサーの誰もが、自らの身体を用いて物語を紡いでいることは事実である。

印象派と呼ぶには少々病的で現代的と言えるボナールは、60歳を過ぎて描いた自画像に「ボクサー」と名付けた。その理由を私は知らない。が、わかるような気がする。

ボクサーは常に鏡を見る。それは自分のフォームが正しいか否かをチェックするためだが、鏡の中の自分を見て何も思わないボクサーはいない。

俺は誰だ？　何をしてる？　なぜ闘う？　誰と闘う？　何と闘う？　なぜ強くなりたい？　なぜ勝ちたい？　何に勝ちたい？　なぜボクサーになった？

……ボクサーは敵と闘う前に、まず鏡の中の自分と相対し、自分に向かって問いかけ、鏡の中の自分を相手に格闘する。

老境に差し掛かったボナールも拳を握り、痩せ衰え始めて肋骨の浮き出た鏡の中の自分と格闘した。ボクサーとは、すべての「格闘する人間」の代名詞。ボナールもボクサーとして、格闘する人間の物語を語ったのだ。（１９３１年、油彩・カンバス、54×７４・３センチ、オルセー美術館蔵）

日本経済新聞「スポーツする身体５」（２０１３年10月14日）を元に加筆修正

クロード・モネ「アルジャントゥイユのレガッタ」

提供：IMAGNO/アフロ

モネと言えば「睡蓮《すいれん》」。ニューヨーク近代美術館（ＭＯＭＡ）で幅10メートル以上の作品を見たときは、興奮の余り30分以上もその場に立ち尽くした。

そのことを画家の日比野克彦氏に話すと「展示された本物の絵はライヴだからねえ」という言葉が返ってきた。なるほど。確かに。その作品の前でモネは絵筆を握り、絵の具を塗りつけていたのだ。

モネ（やゴッホなど印象派の画家）は筆遣いが独特なだけに「ライヴ感」がより生々しくリアルに伝わってくる。

画布の前に立って絵筆をふるっている画家が現れる。と同時に画布に描かれた睡蓮もゆらゆらと動き出す。もちろん競技会（レガッタ）に出場するヨットも動き出す。セーヌ川の川面に映し出されたヨットや人の姿も河畔の小屋も、すべてが揺れる。

明治の文明開化でスポーツが欧米から伝わったとき、最初の訳語は「釣り」だった。次に「乗馬」。釣りや乗馬を楽しんでる欧米人に「何をしてる?」と訊《き》くと「プレイング・スポーツ」という答え。その訳語だろう。のちにスポーツは「遊戯」とも訳された。「運動」「体育」という訳語が軍国主義とともに一般化する前は、スポーツの原義に近い日本語訳だったのだ。

モネの描くレガッタはスポーツそのもの。ゆらゆらと長閑《のどか》に楽しく豊かな非日常の時空間がライヴで眼前に動き現れる。（１８７２年ごろ、油彩・カンバス、48×75センチ、オルセー美術館蔵）

日本経済新聞「スポーツする身体６」（２０１３年10月17日）を元に加筆修正

ドガ「競走馬（観覧席の前）」

イングランドで生まれ発展した夏のスポーツは都市が舞台。冬のオリンピックが雪と氷の自然のなかで行われるのに対して、夏のオリンピックは人工の競技場や体育館で行われ、マラソンも人工の舗装道路の上を走ると規則に定められている。

人間の肉体という自然の産物を、雪や氷の自然環境と一体化させるのがウィンター・ゲームなら、

スポーツする身体　スポーツと美術の関係

提供：Iberfoto/アフロ

サマー・ゲームは人工物に囲まれて、より肉体という自然を際立たせ、意識するためのスポーツと言えよう。

ならば印象派の画家たちが好んで画題に選んだ競馬は、どんなスポーツと言えるのだろう？

ドガは、着飾った都会人で溢《あふ》れるロンシャン競馬場の観客席の前に勢揃いする、馬にまたがった騎手たちの姿を描いた。

レース前の静かな一瞬。しかし傾いた夕日の中に緊張感が迫る。出番前の「踊り子」の姿と同じだ。遠くには工場の煙。日常の労働の場が見える。そこから離れた非日常の時空間である競馬場。

サラブレッドは自然の生物？　人工の産物？　走るためだけにこの世に送り出された美しい生物にまたがった騎手たちは迫り来るゲーム（遊び）の一瞬を待ちかまえる。

色とりどりのパラソルを広げ、美しく高価なドレスに身を包んだパリジェンヌを見つめる騎手たちは、何を思う？

日常と非日常、人工と自然の交錯する瞬間こそスポーツが際立つのだ。（1866〜68年ごろ、エッサンス・カンバス・紙、46×61センチ、オルセー美術館蔵）

日本経済新聞「スポーツする身体7」（2013年10月18日）を元に加筆修正

ルネ・マグリット「迷える騎手」

提供：Bridgeman Images/ アフロ
©ADAGP,Paris & JASPAR,Tokyo,2019

１００メートル走の世界記録は９秒58。マラソンは２時間１分39秒（２０１９年12月現在）。だから、どうした？　早く目的地に行きたいなら、自動車に乗れば済む。なのに人間はなぜ走る？　それは、なぜ生きる？　と問うのと同じで、その回答を得るのは困難だ。

だから人は１００メートルや42・１９５キロに区切り、とりあえず「速さ」という物差しで、走る意味、生きる意味の答えを得て、心を落ち着かせようとしているのかもしれない。

しかし人間にとっての根源的な問いかけは、消えない。なぜ走る？　なぜ生きる？

シュルレアリスムの画家ルネ・マグリットは、サラブレッドにまたがって鞭《むち》をふるい、疾駆する騎手を何枚も描いた。騎手の顔は見えない。馬もなぜ走るのか、逡巡しているようにも見える。何処へ向かって？　なぜ走る？

馬と騎手の周囲にはボウリング・ゲームの前身である九柱戯《ナイン・ピン》のピン状の物体が森のように立ち並び、寒々とした冷たく青い空間に向かって枯れた枝を、鋭く痛々しく何本も伸ばしている。騎手と馬のすぐ横の壁は人の住まいか？

いや右手に幕がある。ここは舞台だ。「迷える騎手」と馬は観客に見つめられている舞台で、見えないゴールに向かって疾駆し続けている。

人間は「迷い」ながら走るほかないのか？　幕が閉じれば観客は拍手を贈るのだろうか？（１９２６年、油彩・カンバス、65×75センチ、個人蔵）

日本経済新聞「スポーツする身体８」（２０１３年10月21日）を元に加筆修正

パブロ・ピカソ「闘牛士《マタドール》の死」

提供：Bridgeman Images/ アフロ
©2020 - Succession Pablo Picasso - BCF(JAPAN)

Ｆ１レースを大好きになり、サーキットに何度も足を運んだり、テレビ中継を見続けたことがある。巨大な金属製のマシンが地上最大と思える轟音《ごうおん》を轟《とどろ》かせて疾駆する。その響きと輝きを身体で感じるだけで快感は極まった。

そしてある日、一人のドライバーが壁に激突して死んだ。そのとき私の脳裏をよぎったのは、ピカソの描いた「マタドールの死」だった。音楽、料理、ワイン、ファッションなどの文化と、テクノロジーの粋を結集して開催されるＦ１。それは、現代社会の最上の祝祭とも言える。

そして闘牛も、衣裳、儀式、祈り、音楽、太陽、光と影……と、スペイン文化の粋を集めた祝祭である。

一方はガソリンの臭いを撒き散らし、他方は牛の血臭に包まれ、そこに時折ドライバーやマタドールの血も混ざる。死と隣り合わせの祝祭。

両者はスポーツの埒外《らちがい》に存在するものとも言えよう。それだけに祝祭の色彩は一層色濃く、多くの人々を昂奮《こうふん》と官能の世界へと導く。

Ｆ１マシンの未来性と猛牛の原始性。ポスト・モダンとパンセ・ソバージュ（野生の思考）の邂逅《かいこう》。牡牛《おうし》の角に刺され、跳ねあげられたマタドールの顔は、恍惚《こうこつ》感に満ちているようにも見える。はたしてマシンとともに散ったアイルトン・セナはどうだっただろう……？

最近のＦ１は安全対策が進んだ。今スペインでは闘牛禁止の声も高い。祝祭の美と迫力はピカソが残した絵で十分か。（１９３３年、油彩・板、31・２×40・３センチ、パリ・ピカソ美術館蔵）

日本経済新聞「スポーツする身体９」（２０１３年10月22日）を元に加筆修正

ベン・シャーン「ハンドボール」

画家は「見えないもの」を絵に描いている、と断じて間違いないだろう。

人間の顔や姿を描きながら、実は人間の心を描く。建物や山や川を描きながら、実は空気や風を描いている。その人間が、どんな性格でどういう考えをする人間かを描き、その都会や村が、どん

スポーツする身体　スポーツと美術の関係

提供：Artothek/アフロ
©Estate of Ben Shahn/VAGA at ARS, NY/JASPAR,Tokyo,2019

な空気に満ちた世界であり社会であるかを描く。

具体的なモノを描いて抽象的なナニかを表す（もちろん抽象的なナニかをそのまま描く場合もある）。それが画家の仕事というべきだろう。ベン・シャーンの描く都会や人間は間違いなく現代である。空気は乾いて冷たく、混雑したクルマや人混みで騒々しいはずの大都会がなぜかひっそりと静まり返っている。

それは都会に暮らす人々の心象風景にほかならない。都会人の孤独。現代人の寂寞《せきばく》感。そんななかで、ベン・シャーンの描いた都会人はスポーツをする。仕事を中断しての昼休みか。労働者と思しき男達が何人か、工事中のフェンスに向かってボールを掌《てのひら》で打ち合う。あるいはバスケットボールを奪い合う。しかし歓声は聞こえてこない。男達は確かにスポーツに熱中している。よく見ると一心不乱。だが、さほど楽しんでいる様子ではない。

彼ら都会人は寸暇を惜しみ、僅かなスペースを見つけてスポーツを行う。それは、現代社会のなかで、人が生きている微《かす》かな証《あかし》なのかもしれない。（1939年、グワッシュ・紙、57・8×79・4センチ、ニューヨーク近代美術館蔵）

日本経済新聞「スポーツする身体10」（2013年10月24日）を元に加筆修正

―あとがきにかえて―

今年（２０２０年）は東京オリンピック・パラリンピックが開かれる年です。が、東京オリンピック・パラリンピックは何のために開催するのか？　と訊《き》かれて、あなたは答えられますか？

３・11の東日本大震災からの復興のため、さらに熊本を中心とした九州大地震や西日本豪雨の被災から日本人が元気を取り戻すため……と答える人が多いかもしれません。確かにオリンピックやパラリンピックのスポーツが、そのような復興や元気づけのための役に立つのなら、それもまた意味のあるものと言えるでしょう。

が、そもそもオリンピック・パラリンピックを東京に招致しようと言いだしたときの目的は、そういうものではありませんでした（それは、そうですよね。まだ大地震も大水害も起こっていなかったのですから）。

これはスポーツ議員連盟の幹事である衆議院議員の遠藤利夫さんや馳浩さんから聞いたことですが、わが国ではスポーツがまだまだ大きく発展できていないという基本認識を出発点に、スポーツによる豊かな社会づくりを目指すには、それまで文部科学省（体育、スポーツ）、厚生労働省（障碍者スポーツ）、経済産業省（プロスポーツ）、国土交通省（スポーツ施設の建設）などに分かれていた国の管理監督部署を一元化するスポーツ庁（将来的にはスポーツ省、またはスポーツ・文化・観光省など）を設立する必要がある。しかし、行政機構の経費節減、規模縮小の流れのなかで、新しい省庁をつくるのは至難の業。そこでオリンピック・パラリンピックの招致に成功すれば、国もスポーツ庁の新設を認めないわけにはいかなくなるだろう……という狙いのなかで東京が招致に手をあげ、一度目はリオデジャネイロに敗れたものの（２００９年のコペンハーゲンでのＩＯＣ総会で、２０１６年大会の招致に失敗）、二度目の挑戦でマドリッド、イスタンブールを破って招致に成功（２０１３年のブエノスアイレスでのＩＯＣ総会）。今年の本大会開催につながったというわけです。

そして２０１５年10月には、本来の狙い通りにスポーツ庁も新設されました。

そこから国の政策やスポーツ議員連盟の提言等によって日本のスポーツ界の改革に手がつけられ、現在５・５兆円程度の規模のスポーツ産業を15兆円規模にまで拡大すること（経産省の『日本再興戦略２０１６』／人口が日本の約３倍のアメリカは60兆円）や、現在40％（障碍者や女性）〜60％程度（成人）のスポーツ実施率（週に1回以上スポーツをすると答えた人の割合）を引き上げ、高齢化社会のなかでの医療費の引き下げを目指しています。そして各種スポーツ団体の機構改革——指導者（コーチ）による体罰や各種のハラスメントが告発され、金銭の管理がルーズだったり、独裁的独善的な「会長」が更迭されるなど、様々な改革も推し進められています。

が、そのような政策や提言の根本的基盤になるのは、スポーツに対する考え方と言えるでしょう。

スポーツとは何か？　スポーツは体育とは異なる文化である。ｅスポーツははたしてスポーツと言えるのか？　スポーツにおけるドーピングはなぜ否定されるのか？　スポーツにおける男女の区別はどうあるべきか？　長距離走用の「厚底シューズ」は禁止される方向に向かったが、スポーツ用具の規制はどこまで進むべきなのか？　高校野球の球数制限は、日本高等学校野球連盟が「１週間５００球」などという高校生の健康を無視した（甲子園大会＝興行を重視した？）規定を定めたが、メディア主催のイベントがこれでいいのか？……などなど、本書で展開した様々な基礎知識や現状認識、問題提起や解決策、最近メディアで話題になったスポーツにおける様々な問題が、あらためて的確に考え直されないかぎり、日本の社会におけるスポーツの真の発展も、スポーツによる豊かで幸せな社会づくりも画餅に帰し、スポーツはただ一時の楽しみとして消費され、スポーツを支配する一部の団体（人々）の利益に供されるだけで終わるに違いありません。

そんな危うい社会のなかで、本書が、そうならないための一石を投じることができれば、嬉しく思います。

*

本書をまとめるにあたっては、文化出版局『ミセス』の編集長時代からの長い付き合いで、春陽堂書店の出版プロデューサーを務めている岡崎成美氏にたいへんお世話になりました。この場を借りて御礼を申しあげたいと思います。いろいろありがとうございました。

また春陽堂書店第一編集部の浦山優太さんには、具体的な原稿の整理、イラストの発注作業や写真の収集整理、デザインとレイアウトの手配など、山のような雑務ともいうべきなくてはならない具体的作業を厭わずこなしていただきました。心より感謝の気持ちを記しておきたいと思います。

また、いろいろなスポーツのイラストを何枚も、「?」（クエスチョン・マーク）とともに描いてくれたイラストレーターの圓山武宏さんにも感謝の言葉を残しておきたいと思います。圓山さんは、小生が始めたスポーツ・ジャーナリズム塾の第1期生で、今も毎週月曜（午後6時―7時）にネット発信している『ニューズ・オプエド』のスポーツ・コーナーに、毎回オモシロイ・スポーツの絵を寄せてくれています。そんな圓山さんに、いつか小生の本を飾ってほしいと思っていた夢が叶いました。圓山さん、本当にありがとうございました。

小生は今年で68歳を迎えますが、これからも積極的に日々の仕事と取り組み、日本のスポーツの真の発展に、裏方のそのまた裏方の立場から少しでも寄与したいと思っています。そして少なくともあと一冊、日本のスポーツ・ジャーナリズムの誤りを糺す本だけは必ず書きあげたいと思っています。それはきっと現在の日本のマスメディアに対する痛烈で激烈な批判の一冊となると思います。ですからすべての日本のマスメディアから無視されると思いますので（笑）、読者のみなさま、さらなる温かいご支援を賜りますよう、いまからお願い申しあげておきます。よろしく！

二〇二〇年　令和二年　二月

東京オリンピック・パラリンピック後の日本のスポーツ界の真の発展を祈って

玉木　正之

主な参考資料（五十音順）

芥川龍之介「或日の大石内蔵助」（『羅生門 蜘蛛の糸 杜子春外十八篇』／文春文庫／１９９７）

安部公房「時の崖」（『無関係な死・時の崖』／新潮文庫／２００３）

阿部知二「日独対抗競技」（『阿部知二全集』第1巻／河出書房新社／１９７４）

アンジェイ・ヴォール『近代スポーツの社会史 ブルジョア・スポーツの社会的・歴史的基礎』（唐木国彦・上野卓郎・共訳／ベースボール・マガジン社／１９８０）

飯嶋和一『雷電本紀』（小学館文庫／２００５）

池澤夏樹・訳「古事記」（池澤夏樹＝個人編集『日本文学全集 全30巻』第1巻／河出書房新社／２０１４）

池波正太郎『緑のオリンピア』（講談社文庫／１９８７）

石坂友司／松林秀樹『一九六四年東京オリンピックは何を生んだのか』（青弓社／２０１８）

市川崑・森遊机『市川崑の映画たち』（ワイズ出版／１９９４）

市川崑・森遊机『完本 市川崑の映画たち』（洋泉社／２０１５）

井上ひさし『下駄の上の卵』（新潮文庫／１９８２）

井上ひさし『ナイン』（講談社文庫／１９９０）

ウィリアム・シェイクスピア『じゃじゃ馬ならし・空騒ぎ』（福田恆存・訳／新潮文庫／２００４）

ウィルバー・L・シュラム「馬が野球をやらない理由」（永井淳・訳／『12人の指名打者　野球小説傑作選』／文春文庫／１９８３）

宇佐美徹也『プロ野球記録大鑑』（講談社／１９７７・１９７９・１９９３）

江國香織・訳「更級日記」（池澤夏樹＝個人編集『日本文学全集　全30巻』第３巻／河出書房新社／２０１６）

オイゲン・ヘリゲル『日本の弓術』（柴田治三郎・訳／岩波文庫／１９８２）

岡本かの子「渾沌未分」（『岡本かの子全集』第２巻／筑摩書房／１９９４）

小川勝『オリンピックと商業主義』（集英社新書／２０１２）

折口信夫「口訳万葉集」（池澤夏樹＝個人編集『日本文学全集　全30巻』第２巻／河出書房新社／２０１５）

風見明『相撲、国技となる』（大修館書店／２００２）

カルロス矢吹『アフター１９６４東京オリンピック』（サイゾー／２０１９）

川島浩平『人種とスポーツ　黒人は本当に「速く」「強い」のか』（中公新書／２０１２）

金田一京助・見坊豪紀・金田一春彦・柴田武・山田忠雄『新明解国語辞典』第三版（三省堂／１９７２）

倉橋由美子「一〇〇メートル」（『人間のない神』／新潮文庫／１９７７）

講談社・編『東京オリンピック　文学者の見た世紀の祭典』（講談社文芸文庫／２０１４）

後藤健生『世界スタジアム物語　競技場の誕生と紡がれる記憶』（ミネルヴァ書房／２０１７）

五味康祐『一刀斎は背番号６』（ファラオ企画／１９９２）

西郷信綱『梁塵秘抄』（ちくま学芸文庫／２００４）

佐藤彰宣『スポーツ雑誌のメディア史　ベースボール・マガジン社と大衆教養主義』（勉誠出版／２０１８）

沢木耕太郎『春に散る（上）（下）』（朝日新聞出版／２０１６）

サンデー毎日「オリンピック映画を見た１００人の意見」（１９６５年3月28日号／毎日新聞出版）
ジェームズ・サーバー「消えたピンチ・ヒッター」（永井淳・訳／『12人の指名打者　野球小説傑作選』／文春文庫／１９８３）
塩田潮『東京は燃えたか　オリンピック１９４０-１９６４-２０２０』（朝日文庫／２０１８）
塩野七生『ギリシア人の物語Ⅰ　民主政のはじまり』（新潮社／２０１５）
塩野七生『ギリシア人の物語Ⅱ　民主政の成熟と崩壊』（新潮社／２０１７）
塩野七生『ギリシア人の物語Ⅲ　新しき力』（新潮社／２０１７）
澁澤龍彦『唐草物語』（河出書房新社／１９８１）
島沢優子『世界を獲るノート　アスリートのインテリジェンス』（カンゼン／２０１９）
島田哲夫『スポーツ哲学入門　オリンピック・レガシーのために』（論創社／２０１８）
島田雅彦・訳「好色一代男」（池澤夏樹＝個人編集『日本文学全集 全30巻』第11巻／河出書房新社／２０１５）
下村泰大・編『西洋戸外遊戯法』（泰盛館／１８８５）
ジュールズ・ボイコフ『オリンピック秘史　１２０年の覇権と利権』（中島由華・訳／早川書房／２０１８）
ジョイス・キャロル・オーツ『オン・ボクシング』（北代美和子・訳／中央公論社／１９８８）
ジョージ・プリンプトン『遠くからきた大リーガー　シド・フィンチの奇妙な事件』（芝山幹郎・訳／文春文庫／１９９５）
『新潮日本古典集成　平家物語　中』（水原一・校注／新潮社／１９８０）
杉本苑子「あすへの祈念」（玉木正之・編『彼らの奇蹟 傑作スポーツアンソロジー』／新潮文庫／２０１５）
鈴木隆『けんかえれじい（上）（下）』（岩波現代文庫／２００５）
鈴木透『スポーツ国家アメリカ　民主主義と巨大ビジネスのはざまで』（中公新書／２０１８）
高杉良『祖国へ、熱き心を　東京にオリンピックを呼んだ男』（講談社文庫／１９９２）

高橋孝蔵『倫敦から来た近代スポーツの伝道師　お雇い外国人F・W・ストレンジの活躍』（小学館１０１新書／２０１２）
高橋秀実『おすもうさん』（草思社／２０１０）
多木浩二『スポーツを考える――身体・資本・ナショナリズム』（ちくま新書／１９９５）
太宰治「津軽」（『太宰治全集７』／ちくま文庫／１９８９）
玉木正之『スポーツとは何か』（講談社現代新書／１９９９）
田中英光『オリンポスの果実』（新潮文庫／１９５１）
ドナルド・キーン『日本文学の歴史（1）〜（18）』（中央公論社／１９９４〜１９９７）
トル・ゴタス『なぜ人は走るのか　ランニングの人類史』（楡井浩一・訳／筑摩書房／２０１１）
中島敦「名人伝」（『中島敦全集　第1巻』／筑摩書房／２００１）
長嶋茂雄『野球は人生そのものだ』（日本経済新聞出版社／２００９）
中島隆信『大相撲の経済学』（ちくま文庫／２００８）
中野京子『はじめてのルーヴル』（集英社／２０１３）
中村敏雄『オフサイドはなぜ反則か』（三省堂／１９８５）
中村敏雄『中村敏雄著作集　別巻　中村敏雄の人と仕事』（友添秀則・編／創文企画／２００９）
『新編　日本古典文学全集２　日本書紀１』（小学館／１９９４）
『新編　日本古典文学全集４　日本書紀３』（小学館／１９９８）
夏目漱石『三四郎』（春陽堂／１９０９）
新田一郎『相撲の歴史』（山川出版社／１９９４）
新田次郎『槍ヶ岳開山』（文春文庫／１９７７）

新渡戸稲造『武士道』（矢内原忠雄・訳／岩波文庫／2007）
ノーマン・メイラー『一分間に一万語』（山西英一・訳／河出書房新社／1964）
野村克也『野村克也野球論集成』（サンケイスポーツ・編／徳間書店／2017）
バーナード・ショー『ピグマリオン』（小田島恒志・訳／光文社古典新訳文庫／2013）
橋本治『双調平家物語2　飛鳥の巻（承前）』（中公文庫／2009）
橋本治『さまざまなエンディング』（主婦の友社／1990）
ハンス・レンク『スポーツと教養の臨界　身体価値の復権』（畑孝幸・関根正美　訳／不昧堂出版）
ピエール・ド・クーベルタン『オリンピックの回想』（カール・ディーム編、大島鎌吉・訳／ベースボール・マガジン社／1962）
平出隆『白球礼讃　ベースボールよ永遠に』（岩波新書／1989）
平出隆『ベースボールの詩学』（講談社学術文庫／2011）
フォート・キシモト『東京オリンピック1964』（新潮社・編／新潮社／2009）
フレデリック・ウィリアム・ストレンジ『アウトドア・ゲームズ』（丸善／1883）
ヘミングウェイ『老人と海』（福田恆存・訳／新潮文庫／2003）
マイク・スタントン『無敗の王者 評伝ロッキー・マルシアノ』（樋口武志・訳／早川書房／2019）
町田康・訳「宇治拾遺物語」（池澤夏樹＝個人編集『日本文学全集 全30巻』第8巻／河出書房新社／2015）
松浪健四郎『古代宗教とスポーツ文化』（ベースボール・マガジン社／1989）
三島由紀夫『剣』（講談社／1963）
三島由紀夫『鏡子の家』（新潮文庫／1964）

三島由紀夫『実感的スポーツ論』（共同通信社／１９８４）
三田村鳶魚『侠客と角力』（柴田宵曲・編／ちくま学芸文庫／２０１０）
虫明亜呂無『パスキンの女たち』（清流出版／２０１０）
虫明亜呂無「青い旗門」（『パスキンの女たち』／清流出版／２０１０）
虫明亜呂無「風よりつらき」（『パスキンの女たち』／清流出版／２０１０）
虫明亜呂無「紅茶とヒース」（『パスキンの女たち』／清流出版／２０１０）
虫明亜呂無「冬の闘魚」（『パスキンの女たち』／清流出版／２０１０）
虫明亜呂無「日本少年」（『パスキンの女たち』／清流出版／２０１０）
村上春樹『走ることについて語るときに僕の語ること』（文春文庫／２０１０）
村上龍『コインロッカー・ベイビーズ（上）（下）』（講談社／１９８０）
村上龍『テニスボーイの憂鬱』（幻冬舎文庫／１９９７）
村上龍『ニューヨーク・シティ・マラソン』（集英社文庫／１９８９）
村上龍『走れ！　タカハシ』（講談社／１９８６）
モーリス・ベジャール『モーリス・ベジャール自伝　他者の人生の中での一瞬……』（前田允・訳／劇書房／１９８２）
山口瞳『新入社員諸君！』（角川文庫／１９７３）
米長邦雄『われ敗れたり——コンピュータ棋戦のすべてを語る』（中央公論新社／２０１２）
ロバート・クーヴァー『ユニヴァーサル野球協会』（越川芳明・訳／新潮文庫／１９９０）
ロバート・クリーマー『英雄ベーブ・ルースの内幕』（宮川毅・訳／恒文社／１９８２）
ロバート・K・フィッツ『大戦前夜のベーブ・ルース　野球と戦争と暗殺者』（山田美明・訳／原書房／２０１３）

ロラン・バルト「レッスルする世界」（篠沢秀夫・訳『神話作用』／現代思潮新社／１９６７）
渡邊十絲子『今を生きるための現代詩』（講談社現代新書／２０１３）
和田誠・森遊机『光と嘘、真実と影　市川崑監督作品を語る』（河出書房新社／２００１）
Leni Riefenstahl『NUBA　PARCO VIEW 7』（パルコ出版／１９８０）
Paul Dickson Skip McAfee『The DICKSON BASEBALL DICTIONARY』（W. W. Norton & Company／２０１１）

玉木正之 たまき・まさゆき

スポーツ文化評論家。1952年京都市生まれ。東京大学教養学部中退後、フリー・ライター、放送作家、小説家として活躍。日本で最初にスポーツライターを名乗る。過去に静岡文化芸術大学、石巻専修大学等の客員教授や、筑波大学大学院、立教大学大学院等の非常勤講師を務める。現在は日本福祉大学客員教授。TVやラジオでも活躍。ネットTV『ニューズ・オプエド』のスポーツ番組（毎週月曜・午後6時-7時）のアンカーを担当。https://op-ed.jp
著書は、『スポーツとは何か』（講談社現代新書）『スポーツ解体新書』（朝日文庫）など多数。翻訳書はR・ホワイティング『和をもって日本となす』（角川文庫）『ふたつのオリンピック』（KADOKAWA）など。
ホームページは『カメラータ・ディ・タマキ』
http://www.tamakimasayuki.com

今《いま》こそ「スポーツとは何《なに》か？」
を考《かんが》えてみよう！

2020年2月28日　初版第1刷発行

著　者　玉木正之

発行者　伊藤良則

発行所　株式会社 春陽堂書店
〒104-0061　東京都中央区
銀座3-10-9　KEC銀座ビル9F
https://www.shunyodo.co.jp
電話：03-6264-0855（代表）

イラスト　圓山武宏

装　丁　竹内康人（VENUE Inc.）

校　正　鷗来堂

印刷・製本　シナノパブリッシングス

乱丁本・落丁本はお取替えいたします。

本書へのご感想は、contact@shunyodo.co.jp
にお寄せください。

ISBN 978-4-394-99001-7　C0075